U0784732

马克思是全世界无产阶级和劳动人民的革命导师，是马克思主义的主要创始人，是马克思主义政党的缔造者和国际共产主义的开创者，是近代以来最伟大的思想家。两个世纪过去了，人类社会发生了巨大而深刻的变化，但马克思的名字依然在世界各地受到人们的尊敬，马克思的学说依然闪烁着耀眼的真理光芒！

本书系复旦大学马克思主义学院研究成果，也是国家社会科学基金重大项目“西方马克思主义在中国的历程与影响研究”（16ZDA099）的阶段性成果。

“十三五”国家重点出版物出版规划项目
中宣部2018年重点主题出版物
第四届全国党员教育培训优秀教材

GZC 2018 高校主题出版
GAOXIAO ZHUTI CHUBAN
“走近马克思”小丛书

马克思与当代中国

陈学明 等 著

中国人民大学出版社
· 北京 ·

跨越时空的对话

历史事件从来不是直线前进，也不是均质分布的。一个事件的发生和平息，一个人物的诞生或逝世，都可能加重或者减轻历史的分量。在滚滚历史长河中，总有一些闪闪发光的年代异常重要，总有一些闪闪发光的名字影响重大，值得我们永远地记忆和纪念。我们在特定的时间纪念历史人物，纪念历史事件，其实是在展示一种向往和期待，是在表达一种特定的历史理解，是在以特定方式加重特殊时点在历史长河中的分量，因此是通过跨越时空的对话，探索和预示未来前行的方向。

毫无疑问，马克思的诞生让 1818 年成为一个特殊年份。这位巨人诞生给历史带来的分量，很快就被人们感觉到了。就像 65 年后他逝世所形成的空白，很快就被人们感觉到了一样。几乎每年，马克思主义的研究者都可以找到马克思生命历程中值得纪念的重大事件，他那些不朽的著作总是让每一年都形成不同的学术热点。然而，今年却特别重要。虽然我们不应该盲目地崇拜数字，但今年毕竟是马克思诞辰 200 周年，是标志马克思主义诞生的《共产党宣言》发表 170 周年！今年的特别之处还在于，对中国来说，今年是改革开放 40 周年，是标志恢复马克思主义实事求是思想路线的《实践是检验真理的唯一标准》一文发表40周年。这些都是值得隆重纪念的重大事件。纪念不是为了忘却，也不是为了单纯地记忆。纪念和记忆的目的不只是书写观念史，而且是实践地展开存在历史的关键步骤。我们如何领会历史，就意味着我们如何领会今天，就意味着我们如何领会即将展开的未来。通过对历史人物和事件的铭记、唤醒和重构，让那些伟大人物、伟大事件和伟大思想与我们同行，成为我们走向未来可以依傍的力量。

今年我们纪念马克思诞生200周年，同时纪念改革开放40周年。这些看似独立的纪念活动，其实有内在的历史关联。自从马克思主义传入中国，自从以马克思主义武装起来的中国共产党成为中国人民的主心骨，马克思主义就与中华民族的伟大复兴血脉相连。什么时候我们用好了马克思主义这一思想武器，我们的事业就能够兴旺发达；什么时候我们背离了马克思主义的基本原则，我们的事业就会遭遇曲折，甚至可能走上歪路和邪路。正是坚持马克思主义及其中国化成果的指导，中国共产党人带领中国人民取得了“站起来”的伟大成就。正是40年前的拨乱反正和改革开放，恢复了马克思主义实事求是的思想路线，开启了马克思主义中国化的第二大历史阶段，中国共产党人才带领中国人民实现了“富起来”的伟大任务。今天，中国站在了新的历史起点上，迎接着新的时代挑战，面对着新的历史机遇，开始了新的奋斗征程。在这样的时刻，我们纪念马克思，纪念《共产党宣言》，纪念改革开放，纪念《实践是检验真理的唯一标准》，都具有特别重要的意义。只要我们的纪念足够真诚，足够谦逊，历史就不会亏待我们，我们就能够在与历史的对话中获得智慧，为已经开启的新征程获得足够的精神滋养。

在这些纪念中，贯穿着一个根本的主题，这就是如何理解马克思主义与当代中国的关系。对这个问题的不同理解将影响我们的纪念。不仅影响纪念的规格、纪念的情绪、纪念的目的，还将深刻地影响纪念的影响，影响我们如何展开未来新的历史征程。历史已经雄辩地证明，马克思主义在中国人民“站起来”和“富起来”的征程中发挥了根本性的作用。对今天的中国而言，理解马克思主义与当代中国的关键在于，理解马克思主义对中国“强起来”的根本意义。走向“强起来”的中国，是否还需要坚持马克思主义的指导地位？如何坚持马克思主义的指导地位？马克思主义在哪些方面对“强起来”的中国还具有根本的指导意义？对这些问题的深入思考和具体阐释才能加重纪念的分量，众多的纪念活动本身才能成为凝聚共识、形成意志和动员力量的历史事件。

毋庸讳言，在马克思主义与当代中国的关系这个关键问题上，存在着不少模糊和错误的认识。大体来说，对立论、外来论、过时论和无用论是几种常见的形式。如果以这样的认识来纪念马克思、纪念当代中国的改革开放，这种纪念当然就意味着告别，意味着一种为了忘却的“纪念”，意味着划清马克思主义与当代中国的界限。我们坚决反对这些错误的论断，但我们没有将批判这些论断作为本书的直接任务。因为不论就实践的状况，还是就方法论的基础而言，这些论断都没有批判的价值。它们不是蔽于一曲的立场偏见，就是形而上学地看待理论与实践、历史与现实的非辩证思维的结果。客观地说，马克思主义已经成为当代中国现实内在的构成要素，就像从世界历史的角度来看，我们今天都是马克思主义遗产的继承人一样，我们都生活在马克思主义的效果历史之中。中国人民“站起来”和“富起来”的历史已经证明，“强起来”的中国未来将继续证明，马克思主义是中华民族伟大复兴的强大思想武器。在“强起来”的未来道路上继续坚持马克思主义的指导，是顺利建设社会主义现代化强国的根本保障。

然而，我们不能做教条化的马克思主义者。马克思主义对中国实践的指导与中国实践对马克思主义的发展，是同一个过程的两个方面。推进马克思主义的中国化和当代化，是打破教条主义和虚无主义的基本策略，是坚持和发展马克思主义内在的历史逻辑。理论与实践、历史与现实总是以辩证对话的方式展开。马克思主义只有在与时俱进的开放过程中才能引领时代的发展，成为时代的旗帜。我们将以这样一种跨越时空对话的方式纪念马克思，纪念改革开放，阐释马克思主义对于“强起来”的中国具有的根本指导意义。

是为序。

目　录

一、中国从“站起来”到“富起来”：是在马克思主义中国化理论指导下实现的

中华文明是世界古代四大文明之一，泱泱五千年延绵不绝。在人类历史的大部分时间里，中国在政治经济、科学技术等各个方面一直处于世界前列，为人类文明做出了巨大贡献。然而，自从第一次鸦片战争以枪炮撬开中国的大门，天朝帝国似乎一夜之间开始衰微，遭遇千年未有之变局，逐渐成为半殖民地半封建国家，中国人民陷入了亡国灭种的悲惨境地。一个曾经如此辉煌的国家，何以不堪一击，陷入此等危亡境地？经历各种道路的艰苦探索，中国最终从“站起来”经历“富起来”，走进了“强起来”的新时代。又是什么样的神奇力量拯救了中国？是什么样的理论指引中国人民从衰落走向了复兴的

马克思主义是中华民族
伟大复兴的强大思想武器

伟大历程？党的十九大报告旗帜鲜明地指出："中国先进分子从马克思列宁主义的科学真理中看到了解决中国问题的出路。"① 在屡败屡战的救亡图存探索中，随着以马克思主义理论武装起来的中国共产党的成立，"中国人民谋求民族独立、人民解放和国家富强、人民幸福的斗争就有了主心骨，中国人民就从精神上由被动转为主动"②。中国共产党一经成立，就成了中华民族伟大复兴的主心骨，带领中国人民变被动为主动，经历革命、建设和改革的艰苦奋斗，一步一步实现中华民族复兴的梦想。历史已经雄辩地证明，坚持马克思主义的指导地位，曾经是我们革命、建设和改革取得成功的根本保证。在新的历史条件下，正确理解马克思主义与当代中国的关系，坚持马克思主义在中国特色社会主义建设事业中的指导地位，是我们在新时代走向"强起来"，走向中华民族伟大复兴的根本需要。"马克思主义及其在中国的发展，为党和人民事业发展提供了既一脉相承又与时俱进的科学理论指导，为增进全党全国各族人民团结统一提供了坚实思想基础。马克思主义是我们立党立国的根本指导思想。背离或放弃马克思主义，我们党就会失去灵魂、迷失方向。在坚持马克思主义指导地位这一根本问题上，我们必须坚定不移，任何时候任何情况下都不能有丝毫动摇。"③ 回顾既往，展望未来，坚持马克思主义的指导地位，同时不做教条的马克思主义者，在实践中创新和发展马克思主义，

---

①② 党的十九大文件汇编．北京：党建读物出版社，2017：9.

③ 习近平．在庆祝中国共产党成立 95 周年大会上的讲话．北京：人民出版社，2016：8－9.

是中国共产党人领导中国人民实现中华民族伟大复兴的根本要求。

（一）虽然中国人民开展了可歌可泣的民族救亡运动，但由于缺乏先进理论的指导，在共产党建立之前，多种社会力量都没有带领中国人民完成民主独立任务

据说拿破仑曾经称中国为熟睡的东方巨狮，并且曾经警告英国不要惊动这头东方巨狮，一旦这头巨狮醒来，它将震撼整个世界。这个比喻成了准确的预言。接下来一百多年的历史就是这头东方巨狮备受欺凌以及警醒之后震撼世界的历史。是什么样的精神力量唤醒了这头巨狮、武装了这头巨狮，让它一旦醒来，便以磅礴之势强力回归世界舞台的中央？与拿破仑同时代的黑格尔也曾经表达了跟拿破仑差不多的意思。他在《历史哲学》中认为，中国古代历史代表的是人类精神发展的“幼年时期”，客观存在和主观运动之间还没有发展成对峙，因此还是一部停滞的、没有真正变化的历史，只能说是“非历史的历史”①。在黑格尔看来，中国历史还缺少主体性，只有多种积极因素的参与才能使其真正地走进世界历史。黑格尔的历史观

① 黑格尔．历史哲学．上海：上海书店出版社，2006：97，110.

在一定程度上受到了欧洲中心论的影响。但他认为中国历史的发展需要一种主体性时代精神的激活，这无疑是深刻的。一旦精神的阳光照到这片沉睡中的大地，万物复苏，一切将生机盎然，开启一个全新的世界。一部中国近代史，就是中国备受外来列强凌辱的历史，就是中国人民反帝反封建的民族民主精神觉醒的历史，就是由沉睡衰落最终走向独立自强的伟大复兴的奋斗史。

在鸦片战争前夕，中国是一个中央集权的封建帝国。对外贸易保持着巨大顺差，经济总量高居世界第一。但是，通过风起云涌的资产阶级革命运动和第一次工业革命，西方资本主义国家迅速发展，掀开了人类历史进步的新篇章。与此同时，清王朝却沉睡在天朝帝国的美梦之中，闭关锁国，唯我独尊，终于逐渐落后了。这种衰落并不仅仅是经济实力、军事实力的落后，而是整个国家没有跟上时代的步伐，社会整体形态和精神原则落在了历史的后面。由于国运的整体衰微，庞大的中央帝国居然屡战屡败。割地赔款、开埠通商，一系列不平等条约强加到了中国人民身上，中国逐渐沦为半殖民地半封建社会。在帝国主义列强入侵和资本现代文明的冲击面前，中国人民开始了艰难曲折的探索。在新民主主义革命开始之前，各种社会力量先后拿出不同的救国方案，最终都归于失败。“鸦片战争后，中国陷入内忧外患的黑暗境地，中国人民经历了战乱频仍、山河破碎、民不聊生的深重苦难。为了民族复兴，无数仁人志士不屈不挠、前仆后继，进行了可歌可泣的斗争，进行了各式各样的尝试，但终究未能改变旧中国的社会性质和中国人民的悲惨命运。”①

面对鸦片战争败局带来的内忧外患，代表农民阶级起来抗争的是洪秀全领导的太平天国运动以及后来的义和团运动。由于受到小农思想的束缚，他们基本不是依据现代的原则解决中国积贫积弱的问题，而是具有根本的保守性。太平天国运动的领袖洪秀全只是想像历代的开国雄主那样实现朝代的更迭，开启一个新王朝，根本不可能完成反帝反封建的历史使命，更不用说没有成熟纲领和严密组织的义和团运动了。与农民阶级不同，19 世纪 60 年代到甲午中日战争之前，开明封建官僚阶层也掀起了自救自强的洋务运动。他们仍然抱着天朝帝国的梦想，以“自强”和“求富”为口号，在中体西用的思想逻辑中发展民族资本和军工企业，大体还是一种“师夷长技以制夷”的思路。他们将资本主义的先进因素看成一种器物层面的“技”，试图通过引进西方的军事装备、机器生产和科学技术挽救清朝统治。他们看到的只是西方器物方面的先进性，试图在不改变国体道统的前提下自强自救，最终一场甲午海战表明了洋务运动的失败。在这种失败下，维新变法提上了日程，改良派走上了救亡图存的历史舞台。改良派意识到了现代资本主义文明的先进性，试图在王权的支持下建立君主立宪制，改变各种不适应现代发展趋势的国家制度，在政治、经济、文化各个方面变法图强，但最终在保守势力的围剿下也彻底失败。两年后，再经过八国联军入侵和战争赔款，中国彻底沦为半殖民地

① 党的十九大文件汇编．北京：党建读物出版社，2017：9.

半封建社会，陷入危急存亡的境地。在这种极端境地中，清朝统治者进行的预备立宪更是无力回天，持续了两千多年的封建制度最终被革命派推翻。

在各种探索和失败中，以孙中山先生为代表的资产阶级革命派走到了历史前台。革命派建立了革命政党，有明确的革命纲领，希望通过革命斗争，推翻封建专制，建立总统制的资产阶级共和国。经过多次起义的失败，1911 年武昌起义成功，1912 年革命领袖孙中山在南京就任临时大总统，宣告了资产阶级共和国的诞生。辛亥革命虽然推翻了统治中国两千多年的封建帝制，但革命成果最终被袁世凯窃取。袁世凯又逆历史潮流称帝失败，国家再度陷入战争和混乱之中。资产阶级民主共和制的建国道路最终在中国没有能够走通。不仅封建主义及其残余势力不愿意走民主共和制的道路，而且殖民主义者也不愿看到一个强大的中国。它们表面上支持革命，但常常为了维护自己的利益利用和支持保守势力对抗革命。因此，仅仅反对封建专制而不彻底反帝的资产阶级革命在中国也没有取得成功。对此，毛泽东同志曾经指出，在近代中国，由于帝国主义的侵略和压迫，加上中国买办资产阶级的依附性和民族资产阶级的软弱性，中国失去了建立和发展资本主义制度的国际和国内条件。

然而，近代中国的灾难史也就是中国各种力量拯救民族危亡的斗争史，就是中国人民觉醒的历史。从农民革命到封建官僚主导的洋务运动，从资产阶级改良派的维新变法到革命派的流血革命，各种势力和各种主张依次登场，虽然可歌可泣，但最终都没有带领中国人民走上民族复兴的道路。根本原因在于它们各自历史的局限性，它们不能正确把握中国社会性质，不能明确中国变革和革命的主要任务，没有科学的理论指引，不能号召广大人民群众参与。对此毛泽东有深刻分析："在一个很长的时期内，即从一八四〇年的鸦片战争到一九一九年的五四运动的前夜，共计七十多年中，中国人没有什么思想武器可以抗御帝国主义。旧的顽固的封建主义的思想武器打了败仗了，抵不住，宣告破产了。不得已，中国人被迫从帝国主义的老家即西方资产阶级革命时代的武器库中学来了进化论、天赋人权论和资产阶级共和国等项思想武器和政治方案，组织过政党，举行过革命，以为可以外御列强，内建民国。但是这些东西也和封建主义的思想武器一样，软弱得很，又是抵不住，败下阵来，宣告破产了。"①

之所以众多前仆后继、可歌可泣的斗争并没有改变民族的悲惨命运，乃是因为缺乏先进思想武装起来的先进分子的领导。回顾总结这一段艰难的奋斗历程，我们才能真正理解马克思主义的指导地位、中国共产党的领导地位是历史的选择，是人民的选择。十月革命给中国送来了马克思列宁主义，中国革命从此焕然一新。马克思主义来到中国，以革命的方式为中国带来了创造历史的主体性精神，真正唤醒了这头东方巨狮，开创了民族国家发展的新局面。

---

① 毛泽东．毛泽东选集：第4卷．北京：人民出版社，1991：1513-1514.

（二）以马克思主义为指导思想的中国共产党带领中国人民完成了“站起来”的历史使命，实现了马克思主义中国化的第一次飞跃

在中国人民救亡图存进行艰苦探索的时候，由于主要资本主义国家之间发展的不平衡和利益的争夺，爆发了人类历史上第一次规模空前的世界大战。战争最终引起革命，在帝国主义最薄弱的环节爆发了革命。十月社会主义革命的胜利开启了人类历史的新篇章。从此，无产阶级革命走上了历史舞台，反封建的资产阶级革命不再代表历史前进的方向。也就是说，通过马克思主义对现代资本主义的批判，资本主义制度的历史局限性已经清晰地被揭示出来了。因此，在新的历史时代，仅仅停留于反对封建主义、建立资产阶级民主共和国，最多是以新的更加平等和民主的统治形式代替旧的统治形式，不具有根本的进步意义。十月社会主义革命意味着超越现代资本主义，走向社会主义和共产主义的历史新方向，意味着新的社会历史时代的到来。更为重要的是，十月社会主义革命在同样相对落后的俄国取得胜利，给中国人民的革命斗争带来了新的希望和榜样。对于在黑暗中探索救亡图存道路的中国来说，俄国十月社会主义革命具有重要的意义。

毛泽东说："一九一七年的俄国革命唤醒了中国人，中国人学得了一样新的东西，这就是马克思列宁主义。"① 当时俄国资本主义经济不发达，社会经济的发展状况跟中国差不多。虽然俄国并没有像中国一样沦为半殖民地半封建社会，但同样处于半封建状态。十月社会主义革命在相对落后的俄国取得胜利，为中国人民提供了榜样，通过先进知识分子的宣传，极大地鼓舞了中国人民的革命热情。另外，俄国十月社会主义革命反资本主义的取向，让当时中国先进的知识分子意识到，发达资本主义国家对中国的入侵是中国灾难产生的根本原因，建立一个资产阶级的民主共和国并不能给中国带来真正的进步。而且，当时的帝国主义列强为了自身的利益还千方百计地阻碍资产阶级革命取得胜利。对中国来说，要取得胜利，就必须反对帝国主义，也就是反对资本主义列强。在这种情况下，中国先进知识分子得出了"以俄为师"的结论，认为中国也应该像俄国一样走一条社会主义道路。对这种从向往资产阶级民主革命到向往社会主义革命的转变，瞿秋白曾经有过分析："中国民族几十年受剥削，到今日才感受殖民地的况味。帝国主义压迫的切骨的疼哭，触醒了空泛的民族主义的噩梦。学生运动的引子，山东问题，本来就包括在这里。工业先进国家的现代问题是资本主义，在殖民地上就是帝国主义，所以学生运动倏然一变而倾心于社会主义，就是这个原因。"②

---

① 毛泽东．毛泽东选集：第 4 卷．北京：人民出版社，1991：1514.

② 中国社会科学院近代史研究所．五四运动文选．北京：三联书店，1959：429.

十月社会主义革命的胜利，不仅唤醒了中国人民，更重要的是给我们送来了马克思列宁主义，为中国革命带来了新理论、新思想和新方向，从此中国革命从旧民主主义革命进入了新民主主义革命的新阶段。对此，党的十九大报告做了精彩论述："一百年前，十月革命一声炮响，给中国送来了马克思列宁主义。中国先进分子从马克思列宁主义的科学真理中看到了解决中国问题的出路。在近代以后中国社会的剧烈运动中，在中国人民反抗封建统治和外来侵略的激烈斗争中，在马克思列宁主义同中国工人运动的结合过程中，一九二一年中国共产党应运而生。从此，中国人民谋求民族独立、人民解放和国家富强、人民幸福的斗争就有了主心骨，中国人民就从精神上由被动转为主动。"① 当然，十月革命只是为我们送来了一般的理论，这种一般的理论要真正在中国发生作用，解决中国的实际问题，还有一个逐渐与中国现实相结合、实现中国化的问题。因为中国革命有自己的特殊语境、特殊对象和特殊任务。违背中国实情，生搬硬套马克思主义的一般原理和十月革命的道路，曾经给中国革命带来曲折。

新民主主义革命理论是毛泽东将马克思主义革命理论与中国现实相结合，创造性地提出的中国革命的基本理论，是马克思主义中国化第一次飞跃的基本成果，是毛泽东思想的核心内容。新民主主义革命是无产阶级领导的，以反对帝国主义、封建主义、官僚资本主义为主的人民民主革命。中国的新民主主

---

① 党的十九大文件汇编．北京：党建读物出版社，2017：9.

义革命既不同于单纯的、反封建的资产阶级民主革命，也不同于单纯反对资产阶级的无产阶级革命，除了反帝反封建外，中国还有反对官僚资本主义的任务。反对帝国主义和反对官僚资本主义都具有反对和超越资本主义的前途和方向。因此，新民主主义革命是以社会主义和共产主义为前途和方向的民族民主革命，但它的前提性任务是实现反对封建主义的人民解放和反对帝国主义的民族独立。这是由中国半殖民地半封建社会的性质和官僚阶级与资本相勾结的官僚资本主义决定的。这意味着农民阶级、封建官僚阶级、资产阶级、官僚资产阶级的救国主张都不符合中国的基本国国情。在复杂的中国社会中，它们只是以一种力量反对另一种力量，它们有的本身就是现实灾难的根源，因此不可能彻底解决中国面临的根本问题，不能领导中国人民实现救亡图存和民族复兴的伟大使命。由工人阶级领导和动员广大人民群众参与的新民主主义革命才能提出反帝、反封建和反对官僚资本主义的彻底的革命任务，才能夺取革命的胜利。“我们党深刻认识到，实现中华民族伟大复兴，必须推翻压在中国人民头上的帝国主义、封建主义、官僚资本主义三座大山，实现民族独立、人民解放、国家统一、社会稳定。我们党团结带领人民找到了一条以农村包围城市、武装夺取政权的正确革命道路，进行了二十八年浴血奋战，完成了新民主主义革命，一九四九年建立了中华人民共和国，实现了中国从几千年封建专制政治向人民民主的伟大飞跃。”①

① 党的十九大文件汇编．北京：党建读物出版社，2017：10.

将马克思主义理论与中国的革命实践相结合，提出自己的革命理论、走自己的革命道路，是中国革命能够取得胜利的根本保证。正如毛泽东同志指出的那样："十月革命帮助了全世界的也帮助了中国的先进分子，用无产阶级的宇宙观作为观察国家命运的工具，重新考虑自己的问题。走俄国人的路——这就是结论。"① 走俄国人坚持的马克思主义理论道路——社会主义道路，这就是结论。但与此同时，又明确了以无产阶级的宇宙观思考观察自己的问题，才是自己的道路。这就是一个坚持与发展的辩证关系问题。马克思主义对中国革命的指导是通过马克思主义中国化的方式实现的，是用中国化了的马克思主义指导中国实践，而不是照搬照抄马克思主义教条。就像马克思本人说过的那样："理论在一个国家实现的程度，总是决定于理论满足这个国家的需要的程度。"② 只能根据国家的实际需要来应用和实现一种理论。以俄为师，坚持马克思主义的指导，主要是从世界观、方法论的层面而言的，而不是说教条地照搬马克思主义的理论和俄国革命模式。在革命初期，由于照搬俄国革命模式，我们是吃过苦头的。正是以毛泽东为代表的中国共产党人，坚持马克思主义的理论指导，不断在实践中总结经验，实现马克思主义的中国化，才开辟了一条"农村包围城市，武装夺取政权"的成功道路。不仅在实践上，而且在理论上坚持马克思主义，实现马克思主义的中国化，这是毛泽东

① 毛泽东．毛泽东选集：第4卷．北京：人民出版社，1991：1471.

② 马克思，恩格斯．马克思恩格斯选集：第1卷．北京：人民出版社，1995：11.

对中国化马克思主义和整个马克思主义的重要贡献。就像毛泽东指出的那样："离开中国特点来谈马克思主义，只是抽象的空洞的马克思主义。因此，使马克思主义在中国具体化，使之在其每一表现中带着必须有的中国的特性，即是说，按照中国的特点去应用它，成为全党亟待了解并亟须解决的问题。"①

邓小平同志曾经指出："如果我们不是马克思主义者，没有对马克思主义的充分信仰，或者不是把马克思主义同中国自己的实际相结合，走自己的道路，中国革命就搞不成功，中国现在还会是四分五裂，没有独立，也没有统一。对马克思主义的信仰，是中国革命胜利的一种精神动力。"② 毛泽东思想是中国化马克思主义的第一个理论形态，是在革命战争中形成的中国化的马克思主义。在这一理论的指导下，中国共产党带领中国人民取得了新民主主义革命的胜利，建立了新中国，实现了中国人民"站起来"的伟大使命，完成了中华民族伟大复兴中实现民族独立和人民民主的伟大任务。任何否定马克思主义在中国革命中的指导作用、否定毛泽东历史功勋的观点都是一种虚无主义的立场。习近平同志在庆祝中国共产党成立 95 周年大会上，对党的伟大历史贡献做出了高度评价："这个伟大历史贡献，就是我们党团结带领中国人民进行 28 年浴血奋战，打败日本帝国主义，推翻国民党反动统治，完成新民主主义革命，建立了中华人民共和国。这一伟大历史贡献的意义在

① 毛泽东．毛泽东选集：第 2 卷．北京：人民出版社，1991：534.
② 邓小平．邓小平文选：第 3 卷．北京：人民出版社，1993：63.

于，彻底结束了旧中国半殖民地半封建社会的历史，彻底结束了旧中国一盘散沙的局面，彻底废除了列强强加给中国的不平等条约和帝国主义在中国的一切特权，实现了中国从几千年封建专制政治向人民民主的伟大飞跃。”① 这一飞跃的实质就是在中华民族复兴的艰苦历程中，真正实现了“站起来”的伟大使命，为“富起来”和“强起来”提供了历史前提和基础。

然而，面对这一波澜壮阔的伟大历史，曾经一段时间，出现了许多打着客观研究的旗号而任意抹黑和歪曲历史的虚无主义倾向，把革命斗争看成不人道的暴力，否定马克思主义的指导地位，否定中国共产党在抗战中的作用，甚至肆意谩骂革命英雄和革命领袖，产生了很坏的影响。用历史唯物主义的立场客观地评价革命战争的历史，实事求是地评价革命历史的丰功伟绩，反对各种歪曲、抹黑、攻击，是我们能够坚定走向未来的基本保障。一个对自己的历史缺乏客观评价、对自己的英雄缺乏敬仰的民族是一个没有前途的民族。抹黑历史、蔑视英雄，一定会输掉自己的未来，对此我们必须坚决地批判。中华民族要实现走向“强起来”的文明复兴，就必须坚持马克思主义的指导地位，坚持用历史唯物主义的方法正确地对待中国“站起来”的革命历史和革命理论。

---

① 习近平．在庆祝中国共产党成立95周年大会上的讲话．北京：人民出版社，2016：2-3.

（三）中国共产党恢复了马克思主义“实事求是”的思想路线，带领中国人民开创了中国特色社会主义道路，实现了“富起来”的伟大任务

新中国成立之后，我们党对如何建设社会主义进行了艰苦的探索和实践，取得了伟大成就，也积累了丰富的经验和深刻的教训。在党的领导下，迅速恢复了国民经济生产，实现了社会主义改造，建立了社会主义的各项基本制度。但是在后来的实践中，“由于党在指导思想上‘左’的错误，很多关于社会主义建设的正确思想没有得到贯彻落实，甚至发生了‘文化大革命’那样的全局性的、长时间的严重错误，使我们党在探索社会主义历程中遭到严重挫折”①。改革开放以来，以邓小平同志为核心的党的第二代中央领导集体坚持实事求是的思想原则，彻底否定了“以阶级斗争为纲”的错误路线，拨乱反正，客观地评价毛泽东的历史地位，继往开来，开启了中华民族伟大复兴的新篇章。

以真理标准的讨论为契机，中国共产党恢复毛泽东同志概括提出的“实事求是”的马克思主义思想路线，对时代主题做出了从战争与革命向和平与发展转变的基本判断，对中国社会

---

① 中共中央宣传部．习近平总书记系列重要讲话读本（2016 年版）．北京：学习出版社，人民出版社，2016：22－23.

历史做出了处于社会主义初级阶段的基本定位的判断。以这些基本判断为基础，果断放弃了阶级斗争和继续革命路线，提出了以经济建设为中心，坚持改革开放和坚持四项基本原则的社会主义初级阶段基本路线，形成了邓小平理论。邓小平理论成为新时期我国社会主义建设实践的行动指南。“邓小平同志第一次比较系统地初步回答了在中国这样的经济文化比较落后的国家如何建设社会主义、如何巩固和发展社会主义的一系列基本问题，用新的思想观点继承和发展了马克思主义，开拓了马克思主义新境界，把对社会主义的认识提高到了新的科学水平，创立了邓小平理论，成功开创了中国特色社会主义。”[①]如果说，毛泽东思想是以革命为核心范畴的中国化马克思主义，是马克思主义中国化的第一次历史飞跃的话，那么，邓小平理论就是以改革为核心范畴的中国化马克思主义，是马克思主义中国化的第二次历史飞跃和第二大理论成果。在这一成果的指引下，通过40年改革开放的伟大实践，中国走上了富强道路，中国人民实现了“富起来”的愿望，在中华民族伟大复兴的道路上大大前进了一步。

在谈到改革开放的伟大历程时，习近平同志总结指出：“改革开放之初，我们党发出了走自己的路、建设中国特色社会主义的伟大号召。从那时以来，我们党团结带领全国各族人民不懈奋斗，推动我国经济实力、科技实力、国防实力、综合国力进入世界前列，推动我国国际地位实现前所未有的提升，

① 中共中央宣传部．习近平总书记系列重要讲话读本（2016年版）．北京：学习出版社，人民出版社，2016：23.

党的面貌、国家的面貌、人民的面貌、军队的面貌、中华民族的面貌发生了前所未有的变化，中华民族正以崭新姿态屹立于世界的东方。”① 在新的历史时期，“我们党深刻认识到，实现中华民族伟大复兴，必须合乎时代潮流、顺应人民意愿，勇于改革开放，让党和人民事业始终充满奋勇前进的强大动力。我们党团结带领人民进行改革开放新的伟大革命，破除阻碍国家和民族发展的一切思想和体制障碍，开辟了中国特色社会主义道路，使中国大踏步赶上时代”②。改革开放的伟大实践是在马克思主义中国化思想成果的指导下展开的。社会主义初级阶段的基本路线本身就将坚持马克思主义作为根本的政治原则。

今年是真理标准大讨论和改革开放 40 周年，也是马克思诞辰 200 周年和《共产党宣言》发表 170 周年，全国各地都在开展各种纪念活动。如何评价改革开放 40 年的伟大历史意义，尤其是如何理解邓小平理论与马克思主义理论和毛泽东思想之间的相互关系，具有十分重要的现实意义。毋庸讳言，实际生活中存在着不同的错误倾向。倾向于毛泽东思想的人在评价邓小平理论的时候，常常轻视或者贬低邓小平的理论贡献，忽视邓小平理论与毛泽东思想的差异，总是力图寻找邓小平理论的毛泽东根源，强调邓小平正确的东西毛泽东都已经有了，没有新意，不足为奇；另一些人则相反，他们试图划清邓小平理论与毛泽东思想的界限，只看到差异，而否认邓小平理论与毛泽东思想之间的内在联系，目的是批判邓小平理论，批评改革开

① 党的十九大文件汇编. 北京：党建读物出版社，2017：7.

② 同①10.

放的路线，认为这条路线彻底地背离了毛泽东思想，背离了马克思主义和社会主义。与这些抽象地肯定毛泽东思想的人不同，另一些人则倾向于肯定邓小平理论，他们也强调邓小平理论与毛泽东思想之间的差异，目的是突出邓小平理论的重要贡献，强调邓小平理论的特殊性。这些人用邓小平理论否定毛泽东思想，用改革开放彻底否定改革开放前的 30 年，甚至否定整个革命历史，认为改革开放才真正使中国告别革命，逐渐回到了人类文明发展的正确道路。他们实际上是在否定毛泽东思想和整个马克思主义的意义上来肯定邓小平理论及其价值的，从本质上说，这不是对邓小平理论的肯定，而是对其基本意义的毁灭，是根本的曲解。

我们党从来坚持辩证的、历史的原则来看待马克思主义和中国马克思主义的发展历程，因此既不否定过去，也不是停留于过去止步不前，而是与时俱进，永立时代潮头，引领时代发展。在评价邓小平理论与毛泽东思想的关系上，我们党始终坚持实事求是的原则，坚持辩证发展的观点，既不用毛泽东思想否定邓小平理论，也不用邓小平理论否定毛泽东思想。不用改革前否定改革后，也不用改革后否定改革前，而是强调继承和发展，既看到同一性，也看到差异。只看到前者，就会贬低甚至抹杀邓小平同志的巨大贡献。相反，只看到后者而看不到继承，就会歪曲邓小平理论，甚至可能把邓小平理论看成对毛泽东思想乃至于对整个马克思主义的背离。不管是肯定这种“背离”的捧杀，还是否定这种“背离”的棒杀，都不符合客观实际。这里的关键是如何坚持马克思主义实事求是的思想路线，坚持辩证的历史唯物主义观点，客观地看待实践和理论的继承与发展问题。不能坚持辩证的发展观，就必然导致抽象的同一论或者割裂历史的二元论。评价邓小平理论和毛泽东思想的关系，就像评价毛泽东思想与马克思主义的关系一样，既要看到联系，也要看到发展，既要看到同一，也要看到差异。

在新的历史条件下，邓小平同志运用历史唯物主义的基本原理客观地分析了当时的社会历史状况，正确地判断了我国所处的社会历史方位，提出了符合我国社会主义初级阶段基本国情的路线、方针、政策，开启了我国社会主义现代化建设的新阶段。这是一条理论与实际相结合、理想与现实相结合的路线。在这一路线的指引下，中国从毛泽东时代的“站起来”最后走向了“富起来”的民族复兴道路，这是对中华民族的伟大贡献，也是对社会主义和人类进步事业的伟大贡献。邓小平理论是马克思主义中国化的第二次历史飞跃。邓小平同志旗帜鲜明地坚持四项基本原则，坚持马克思主义和毛泽东思想的指导地位，才保证了中国改革开放的社会主义方向，避免了类似于苏东剧变那样的改旗易帜的历史悲剧，中国的社会主义事业才得以顺利展开，我们才能够在短短 40 年的时间内创造各种奇迹，日益“富起来”，并且日益接近世界历史舞台的中央。

中国特色社会主义是在反思传统社会主义，反思经典社会主义的基础上，结合中国现实做出的现实选择，相对于马克思主义创始人提出的“社会主义”和“共产主义”，它当然还“不够格”“不合格”。这就导致一些人从传统社会主义的立场，从经典作家描述的成熟社会主义的立场批判中国特色社会主义，甚至否定改革开放，认为中国特色社会主义和改革开放背离了科学社会主义的原则，让中国越来越像资本主义和接近资本主义。这些人看不到今天的巨大历史进步，看不到改革开放实现了“富起来”的历史飞跃。他们分不清主次，夸大现实中的问题和矛盾，从抽象的理想原则批判现实，甚至存在用前30年的建设历史否定改革开放的思想倾向。他们忽视或者说看不到中国特色社会主义是马克思主义中国化的特殊形态，中国改革开放是在马克思主义的指导下进行和展开的。割裂中国特色社会主义理论与马克思主义之间的内在联系，就是否定马克思主义在中国“富起来”中的作用。看不到中国特色社会主义理论与经典社会主义理论之间的差异，就是忽视中国特色社会主义理论的特殊贡献。

中国从“站起来”到“富起来”的历史，就是马克思主义中国化的历史，就是中国共产党人运用马克思主义实现中华民族伟大复兴的历史。历史已经雄辩地证明，中国的“站起来”和“富起来”都是在马克思主义的指导下实现的。今天中国进入了“强起来”的新时代，更需要坚持马克思主义的指导，坚持用马克思主义的立场、观点和方法正确理解革命、建设与改革之间的关系，理解“站起来”、“富起来”和“强起来”之间的辩证关系。坚持马克思主义指导，就是坚持用历史唯物主义的立场、观点和方法把握现实，分析世情、国情和党情，就是坚持用马克思主义中国化的最新成果指导实践，将实现中华民族的伟大复兴和构建人类命运共同体有机结合起来，为谋求人民利益和人类进步事业做出更大的贡献。

二、

走向“强起来”的新时代：建设现代化强国更离不开马克思主义的指导

我们在前面已经指出，要理解马克思主义与中国的关系，就需要从中国近代以来的社会历史变革入手，阐释马克思主义在中国革命、建设和改革中的社会历史意义，阐释它如何引领中国人民从“站起来”走向了“富起来”。正是在马克思主义理论的指引下，中国革命走出了屡战屡败的困境，拨云见日，推翻了三座大山，建立了中华人民共和国，形成了中国化马克思主义的第一次理论飞跃——毛泽东思想。同样，正是在解放思想、实事求是的指引下，在马克思主义思想的指引下，中国改革开放开创的中国特色社会主义道路实现了“富起来”的伟大目标，形成了马克思主义中国化的第二次理论飞跃，诞生了中国特色社会主义理论。随着我国社会主义建设事业取得的伟大成就，党的十九大做出了重要的历史判断。这就是中华民族伟大复兴的历程从“富起来”走进了“强起来”的新阶段，中国社会全面进入了新时代。党的十九大报告明确指出：“经过长期努力，中国特色社会主义进入了新时代，这是我国发展新的历史方位。”① 这是对中国现实做出的重要判断，是对我国发展方位的准确定位。那么在新时代，在中国“强起来”的现代化建设中，还需不需要马克思主义的指导？我们应该如何用马克思主义的理论分析我国的社会历史方位？我们应该在哪些方面坚持马克思主义的指导？在这些根本的问题上，还是容易产生一些模糊的甚至是错误的认识。随着中国社会经济全方位的发展，马克思主义的理论意义和实践意义在一些人的观念中淡化了，对于他们来说，它就像一个“不在家”的上帝，作为观念的“悬设”，成了可有可无的东西。正确理解马克思主义在新时代的指导意义，是理解马克思主义与当代中国关系的核心和关键。旗帜鲜明地坚持马克思主义的指导地位，中国“强起来”就有了内在灵魂和理论保障。

（一）中国特色社会主义进入了新时代，形成了习近平新时代中国特色社会主义思想，习近平新时代中国特色社会主义思想是马克思主义中国化的最新理论成果

新时代有新时代的课题，因此需要新的理论来回答。党的

① 党的十九大文件汇编．北京：党建读物出版社，2017：7.

十九大报告指出：“十八大以来，国内外形势变化和我国各项事业发展都给我们提出了一个重大时代课题，这就是必须从理论和实践结合上系统回答新时代坚持和发展什么样的中国特色社会主义、怎样坚持和发展中国特色社会主义，……围绕这个重大时代课题，……形成了新时代中国特色社会主义思想。”①我们党“坚持辩证唯物主义和历史唯物主义，紧密结合新的时代条件和实践要求，以全新的视野深化对共产党执政规律、社会主义建设规律、人类社会发展规律的认识，进行艰辛理论探索，取得重大理论创新成果，形成了新时代中国特色社会主义思想”②。习近平新时代中国特色社会主义思想是马克思主义中国化的最新成果，是中华民族实现伟大复兴的中国梦在“强起来”的阶段必须长期坚持的行动指南。坚持马克思主义的指导，就是坚持马克思主义在“强起来”的伟大历程中的指导地位，就是坚持习近平新时代中国特色社会主义思想的长期指导地位。

历史已经雄辩地证明，是马克思主义让中国人民获得了科学的理论，激发了中国人民改变命运、创造历史的主体性精神，是马克思主义与中国具体实践的结合改变了近代以来的中国历史，不仅让中国人民“站起来”了，而且让中国人民“富起来”了。马克思主义在革命、建设和改革中的指导作用，对中华民族伟大复兴的贡献是无法否认的历史事实。然而，随着当代中国国际地位的提高，随着新时代的到来，是否还有必要

---

① 党的十九大文件汇编．北京：党建读物出版社，2017：12－13.
② 同①13.

坚持马克思主义的指导地位？如何坚持马克思主义的指导地位？马克思主义在哪些基本方面还是我们前进的强大武器？这些都是事关根本的重大问题。正确地回答这些问题，需要我们正确理解习近平新时代中国特色社会主义思想与马克思主义的关系，正确理解马克思主义在社会主义建设实践中的地位，厘清各种模糊甚至是错误看法。今天，理解马克思主义在当代中国的理论和实践意义，关键的问题就是理解在“强起来”的过程中是否要坚持以及如何坚持马克思主义的指导地位。

虽然中央反复强调，并且采取了有力的措施加强马克思主义的指导地位，但社会上还是存在一些否认马克思主义指导地位、否认和批评中国共产党领导地位的思潮。它们非但否定马克思主义对中国社会的指导意义，而且一般地否定马克思主义理论本身的科学性。随着我国国际地位的提高，综合国力的提升，社会经济的发展，尤其是社会主义市场经济体制的建立和完善，形成了新的否定马克思主义的观点。持这种观点的人并不是一般地否定马克思主义理论，也不是否定马克思主义在中国革命、建设和改革发展中的重要意义。在他们看来，随着今天中国走向“强起来”的新时代，随着中国社会经济的发展，马克思主义事实上已经式微，已经不再适应当今时代，已经不适应“强起来”的中国实践的需要。他们否定马克思主义指导未来的意义，认为马克思主义已经不再管用了。如今的中国富裕了、强大了，不再需要革命，不能再批判剥削压迫。他们主张，走进新时代的中国需要的是不同于马克思主义的新思想、新理论，需要自立新说；或者说至多在口头上提提马克思主义，对马克思主义不要当真，当真了就会害人害己。总之一句话，就是要直接或者间接地放弃马克思主义。这是马克思主义过时论的一种新版本。这种版本以时代的变迁为基础，以新时代的特殊性为根据，掩盖在思想创新的旗帜下，因此颇具吸引力，在社会现实中以潜移默化的方式产生了广泛影响。

其实，马克思主义过时论早就存在。国外许多理论家在批评马克思的时候都包含了这样的立场，如哈贝马斯的晚期资本主义理论、吉登斯的现代性批判理论、鲍德里亚的消费社会理论等都是如此。他们诉诸当代西方资本主义社会的新变化，强调历史的断裂，从许多方面批判马克思主义资本批判理论的过时，批判马克思主义超越现代性的失败。对于这些观点，在理论上其实并不难回应。马克思自己就曾经说过，资本形态可以发展变化，而资本原则本身没有改变。当代社会的变迁是在资本原则内的变化，并没有超越马克思理论批判的范围。就像萨特说的那样，只要马克思所批判的现代社会状况没有被超越，马克思主义就是当今时代不可超越的哲学①。真正伟大的思想是具有历史穿透力的。马克思主义正是这样的伟大思想之一。它提供的不是抽象的教条，而是我们理解问题和解决问题的方法。因此不能一般地以历史的变迁来质疑整个理论的科学性和合理性。也许马克思主义的某些具体论断，受到历史条件的限

① 萨特．辩证理性批判：上卷．合肥：安徽文艺出版社，1998：28.

制过时了，但其整个思想体系和精神原则仍然具有强大的解释力和生命力。今天我们仍然生活在马克思主义批判的社会历史条件之中。况且，马克思主义理论不仅包括对资本主义的批判，而且包括了世界观层面的基本原理、未来社会设想等多方面的深刻内容。“强起来”的中国坚持马克思主义的指导，并不是坚持马克思主义某些具体结论和命题，而是运用马克思主义的立场、观点和方法，结合中国现实的社会历史方位，创造性地坚持和发展马克思主义。

党的十九大报告在阐释中国社会走进新时代时，强调指出：“我国社会主要矛盾的变化，没有改变我们对我国社会主义所处历史阶段的判断，我国仍处于并将长期处于社会主义初级阶段的基本国情没有变，我国是世界最大发展中国家的国际地位没有变。”[①] 新时代是一个继往开来的时代，指引新时代的新思想是与作为中国化马克思主义形态的毛泽东思想、邓小平理论等一脉相承而又与时俱进的思想，是马克思主义的发展和运用。“强起来”的中国新时代将继续坚持和发展马克思主义。以历史唯物主义的观点辩证地理解习近平新时代中国特色社会主义思想与马克思主义和中国化马克思主义之间的关系具有重要的意义。只有坚持马克思主义，我们才能正确地理解当代中国的历史方位，把握未来的正确发展方向，为中华民族的伟大复兴和人类的进步事业做出更大贡献。

---

① 党的十九大文件汇编．北京：党建读物出版社，2017：8.

（二）中华民族的伟大复兴从“富起来”走向“强起来”，这是运用历史唯物主义观点对当代中国社会历史方位做出的具有全局性意义的重要判断

党的十九大报告对中国社会历史方位做出了一个重大的判断，这就是中国已经走进了“强起来”的新时代。这一重要判断将对未来中国的发展乃至世界历史发展产生重大而深远的影响。今天讨论马克思主义与当代中国的关系，就是要讨论马克思主义在“强起来”的中华民族伟大复兴中的地位，就是要讨论马克思主义与习近平新时代中国特色社会主义思想的关系。对于今天的中国来说，坚持马克思主义就是坚持马克思主义在“强起来”的伟大实践中的指导意义，就是坚持用马克思主义的基本方法分析当代中国的社会现实，指引当代中国的建设实践，同时又在这一实践中发展和提升马克思主义。

中国走进“强起来”的新时代的重大论断是用历史唯物主义的方法分析和诊断中国现实得出的重要判断。改革开放以来，我国社会政治、经济各方面都发生了重大变化，中国已经基本上实现了小康，并且将在近两年内全面实现脱贫。可以说，改革开放的 40 年让中国走上了高速发展的道路，取得了

西方发达国家用几十年甚至上百年时间才取得的成就，使中国社会发生了翻天覆地的变化。如何客观把握当代中国社会的现实，确定中国社会的历史方位，是我们制定方针政策的根本依据。今天中国社会的主要矛盾已经发生了根本变化，不再是人民日益增长的物质文化需要同落后的社会生产之间的矛盾，而是人民日益增长的美好生活需要和不平衡不充分的发展之间的矛盾。这是习近平总书记代表全党做出的重要政治判断。正是依据这个判断，我们才做出了中国已经走进“强起来”的新时代的判断。社会主要矛盾发生了变化，因此社会才表现出阶段性变化的基本特征，这是历史唯物主义的基本观点。马克思在《政治经济学批判》序言中曾经指出：“我们判断一个人不能以他对自己的看法为根据，同样，我们判断这样一个变革时代也不能以它的意识为根据；相反，这个意识必须从物质生活的矛盾中，从社会生产力和生产关系之间的现存冲突中去解释。”①中国走进新时代的判断就是依据中国社会主要矛盾的变化做出来的，这是一个符合中国社会现实的科学判断。经过改革开放40年的发展，我国总体上告别了短缺经济和贫穷落后的状态，人民的物质文化生活日益丰富，人民对美好生活的需要全面发展，不再主要集中在物质生活和一般文化生活的层面。全面满足人民各方面的生活需要是我们新的奋斗目标。解决好人民日益增长的美好生活需要和不平衡不充分的发展之间的矛盾就成为新时代的基本任务。

---

① 马克思，恩格斯．马克思恩格斯全集：第31卷．北京：人民出版社，1998：413.

面对社会主要矛盾的新变化，中国社会走进了“强起来”的新时代。对于这个新时代的性质和内涵。党的十九大报告做出了深刻的阐释，强调：“中国特色社会主义进入新时代，在中华人民共和国发展史上、中华民族发展史上具有重大意义，在世界社会主义发展史上、人类社会发展史上也具有重大意义。”[①] 党的十九大报告用“三个意味着”阐释了这些重大意义，指出中国特色社会主义进入新时代“意味着近代以来久经磨难的中华民族迎来了从站起来、富起来到强起来的伟大飞跃，迎来了实现中华民族伟大复兴的光明前景；意味着科学社会主义在二十一世纪的中国焕发出强大生机活力，在世界上高高举起了中国特色社会主义伟大旗帜；意味着中国特色社会主义道路、理论、制度、文化不断发展，拓展了发展中国家走向现代化的途径，给世界上那些既希望加快发展又希望保持自身独立性的国家和民族提供了全新选择，为解决人类问题贡献了中国智慧和中国方案”[②]。党的十九大报告从民族国家和世界历史双重视角阐述了中国特色社会主义走进新时代的重要意义，将中华民族伟大复兴和社会主义的发展以及人类的进步事业联系了起来，充分体现了马克思主义的立场、观点和方法。党的十九大报告强调：“这个新时代，是承前启后、继往开来、在新的历史条件下继续夺取中国特色社会主义伟大胜利的时代，是决胜全面建成小康社会、进而全面建设社会主义现代化强国的时代，是全国各族人民团结奋斗、不断创造美好生活、

① 党的十九大文件汇编．北京：党建读物出版社，2017：9.

② 同①7－8.

逐步实现全体人民共同富裕的时代，是全体中华儿女勠力同心、奋力实现中华民族伟大复兴中国梦的时代，是我国日益走近世界舞台中央、不断为人类作出更大贡献的时代。”① 党的十九大报告高屋建瓴、气势磅礴地阐释了新时代的基本含义、重要意义，揭示了新时代的社会历史方位，是对中国现实的历史唯物主义阐释和深刻把握。

中国特色社会主义新时代就是中华民族的伟大复兴从“富起来”走向“强起来”的时代，就是在习近平新时代中国特色社会主义思想的指引下建设社会主义现代化强国的时代。党的十九大报告对于新时代的发展已经做出了“两步走”的战略部署，也就是分步地实现“两个一百年”的奋斗目标。“第一个阶段，从二〇二〇年到二〇三五年，在全面建成小康社会的基础上，再奋斗十五年，基本实现社会主义现代化。”②“第二个阶段，从二〇三五年到本世纪中叶，在基本实现现代化的基础上，再奋斗十五年，把我国建成富强民主文明和谐美丽的社会主义现代化强国。”③ 富强、民主、文明、和谐、美丽是社会主义现代化强国的基本要求，可以说也是中国走向“强起来”的新时代的基本目标。这五个关键词从经济、政治、文化、社会和环境五个方面概括了“强起来”的中国要达到的要求。中国“强起来”不仅仅是指经济的强盛、军事的强大，而且是指社会的全面进步和全面发展，指社会整体变迁的过程；中国

① 党的十九大文件汇编．北京：党建读物出版社，2017：8.
② 同①19.
③ 同①20.

“强起来”并不是一个现代新兴国家的崛起，而是中华民族伟大复兴的过程，是将马克思主义与中国传统文化的创造性发展相结合，探索新的人类文明形态和生存方式的、走向未来的过程；因此，中国“强起来”是通过中华民族伟大复兴推动人类进步事业发展的过程。

新时代催生新思想，新时代需要新思想。这是一个需要新思想并且产生了新思想的时代。习近平新时代中国特色社会主义思想是指引“强起来”的新时代的旗帜。这一思想是马克思主义中国化的最新成果，是结合新时代中国社会主要矛盾变化形成的理论成果。就像新时代是继往开来的时代一样，新思想也是继往开来的思想，是马克思主义中国化的继承和发展，是 21 世纪中国马克思主义的新形态。党的十九大报告明确指出：“新时代中国特色社会主义思想，是对马克思列宁主义、毛泽东思想、邓小平理论、‘三个代表’重要思想、科学发展观的继承和发展，是马克思主义中国化最新成果，是党和人民实践经验和集体智慧的结晶，是中国特色社会主义理论体系的重要组成部分，是全党全国人民为实现中华民族伟大复兴而奋斗的行动指南，必须长期坚持并不断发展。”[①] 将马克思主义与当代中国时代条件、实践目标、发展战略有机结合起来，在“强起来”的建设实践中旗帜鲜明地坚持马克思主义的指导地位，是习近平新时代中国特色社会主义思想的显著特征。

---

① 党的十九大文件汇编．北京：党建读物出版社，2017：14.

（三）在“强起来”的新时代，我们既需要在多个方面坚持马克思主义的指导，确保社会主义建设能够成功展开，也需要发展马克思主义，将马克思主义推进到新的历史阶段

当代中国的发展道路就是一条马克思主义中国化的道路，就是将马克思主义理论与中国具体实践相结合的中国化发展道路。一方面是坚持马克思主义的指导地位，另一方面是在实践中不断地创新和发展马克思主义。一种理论只有与时俱进才能成为引领时代发展的理论。新时代中国特色社会主义建设实践离不开马克思主义的指引，同时又将马克思主义提升到新的历史高度。关键的问题是结合具体的实践坚持和发展马克思主义，做马克思主义的继承者和创新者，而不是要做抱残守缺的教条主义者。我们强调坚持马克思主义，但不是一种本本主义的坚持，不是教条主义的坚持，而是有反思有继承的坚持。正是对传统的批判和发展，才开启了今天中国特色社会主义道路，形成了中国特色社会主义思想。在中国走向“强起来”的新时代，我们需要在许多方面结合当今的时代发展，坚持马克思主义和发展马克思主义理论。本书将从如下七个方面阐释马克思主义对当代中国建设实践的指导意义。在此基础上，我们在最后一

部分将阐释“强起来”的中国对于创新和发展马克思主义的意义。

一是坚持马克思主义政党理论的指导。中国共产党是实现中华民族伟大复兴的主心骨，中国共产党的领导是中国特色社会主义的本质因素。中国共产党和中国政党制度与其他西方国家的政党和政党制度存在着基本差异。中国共产党是在革命战争年代以马克思主义理论武装起来的政党，是领导中国特色社会主义建设事业的唯一执政党。我国实行的是中国共产党领导的多党合作和政治协商制度。坚持马克思主义政党理论，坚持和完善党的领导，深入推进党的建设新的伟大工程，是实现中华民族伟大复兴的根本保证。“历史已经并将继续证明，没有中国共产党的领导，民族复兴必然是空想。”[①] 要坚持党的领导和完善党的领导，就必须坚持马克思主义的政党理论，并在实践中完善这一理论。离开了马克思主义政党理论的指导，就会在现代多党制和民主制面前失去战斗力，就会在无政府主义和非组织化思想面前陷入迷途。

二是坚持马克思主义人民主体理论的指导。中华民族的伟大复兴，建设社会主义现代化强国的伟大事业是全体中华儿女的共同意志和共同事业，而不是哪一个政党哪一个阶级能够独立完成的事业。为此，必须凝民心、聚民智，捍卫人民的民主权利，激发人民的首创精神，号召人民的普遍参与，形成建设社会主义现代化强国的磅礴力量。这就需要坚持马克思主义的历史观，坚持人民创造历史的群众史观的指导地位，正确处理

---

① 党的十九大文件汇编．北京：党建读物出版社，2017：11.

凝民心、聚民智
形成建设社会主义现代化
强国的磅礴力量
新时代
中国特色
社会主义

领袖、政党和群众之间的辩证关系。坚持党的领导、人民当家作主、依法治国的有机统一。坚持马克思主义的人民主体理论，就“必须坚持中国特色社会主义政治发展道路，坚持和完善人民代表大会制度、中国共产党领导的多党合作和政治协商制度、民族区域自治制度、基层群众自治制度，巩固和发展最广泛的爱国统一战线，发展社会主义协商民主，健全民主制度，丰富民主形式，拓宽民主渠道，保证人民当家作主落实到国家政治生活和社会生活之中”①。坚持马克思主义的人民主体理论，不仅要捍卫人民的民主权利，还要激发人民的创造精神，满足人民的根本利益，从而调动广大人民群众的积极性，提升民族自豪感，激发人民的爱国主义热情，让广大人民群众共同参与到建设社会主义现代化强国的民族伟大复兴运动之中。

三是坚持马克思主义意识形态理论的指导。马克思主义是中国特色社会主义理论的指导思想，马克思主义对于中国“强起来”的新时代的指导是全方位的，既包含实践方面，也包括理论建设方面。随着自媒体和多媒体时代的到来，社会思想和社会舆论多样化、复杂化的趋势越来越明显，影响力越来越大，“强起来”的中国面临着复杂的意识形态环境。在意识形态领域的建设中，坚持马克思主义的指导地位，具有重要意义。同时，随着中国硬实力的增强，中国的“强起来”不仅必然要求而且必然要表现为中国话语、中国理论、中国思想、中国精神的积极建构，从而使意识形态建设和理论建设越来越紧

① 党的十九大文件汇编．北京：党建读物出版社，2017：15.

迫和重要。坚持马克思主义意识形态理论的指导，创新意识形态工作方式，用马克思主义理论武装头脑，是“强起来”的新时代的必然要求。

四是坚持马克思主义现代性批判理论的指导。中国近代以来的历史，包括今天走向“强起来”的中华民族伟大复兴的历史，有一个根本的问题，这就是如何面对现代性的问题。这个问题的核心是面对现代性的态度问题。对现代性的态度决定了不同思潮和社会力量对中国发展道路和发展方向的不同看法。是以文化保守主义的态度拒绝现代性、以激进主义的态度超越现代性、以全面肯定的方式拥抱现代性，还是能够形成一种批判与超越相统一的辩证立场，这对中国特色社会主义道路、对中国走向“强起来”的文明复兴具有根本的重要性。在这个问题上，必须坚持马克思主义辩证的批判立场。马克思是形成了系统的现代性批判理论的思想家。马克思既是现代性的继承者，又是现代性的批判者。从马克思的现代性批判理论中汲取营养，坚持马克思主义现代性批判理论的辩证立场，是中国特色社会主义道路既不同于传统社会主义也不同于资本主义的区别所在。中华民族的伟大复兴包含着马克思主义超越现代资本主义文明形态的未来指向，但也必须坚持用现代性的积极成果批判传统主义的方面。中国特色社会主义之所以有“特色”，是因为在前现代、现代和后现代复杂因素构成的社会语境中，对现代性坚持了马克思主义辩证的批判立场。

五是坚持马克思主义世界历史理论的指导。“强起来”的中国是一个实现民族伟大复兴和推动人类进步事业共同发展的中国，它需要发挥自己在人类进步事业中的巨大作用，反对不合理的国际政治经济秩序，推动建立新的国际关系。为此，“强起来”的中国需要建立大国外交，确立根本的大国外交原则和外交战略，超越现代国际关系理论，形成有中国特色的国际关系和外交理论，为维护世界和平、推动人类发展做出贡献。中国的外交要突破现代以来的霸权主义原则，反对各种形式的强权政治，反对新老殖民主义，突出平等、互利、和平的原则。中国的大国外交理论和实践不仅要坚持马克思主义的指导地位，而且要以马克思主义丰富的世界历史理论、全球化理论、战争与和平理论等相关思想为指导，为中华民族伟大复兴的实现争取更好的国际环境，为构建人类命运共同体和推动人类的进步事业做出新的贡献。

六是必须坚持马克思主义共产主义理论的指导。中国共产党在成立之初就制定了自己的纲领，分为革命的最低纲领和最高纲领。这是一个从实现民族国家的独立、民主和富强到逐渐实现共产主义远大理想的行动指南。这是一个现实主义与理想主义完美结合的纲领，将现实中短期的任务和远大的人类理想信念结合起来。今天中国“强起来”的民族伟大复兴，也必须将坚持现实目标与远大理想结合起来，坚持马克思主义的共产主义理论。没有超越现代文明的远大理想和未来方向，中国的复兴就没有世界历史性的意义。

七是坚持马克思主义方法论的指导。从中国革命、建设和改革的发展历程来看，中国共产党强调马克思主义中国化，强调的是用中国化了的马克思主义指导现实实践。在马克思主义中国化的过程中，指导中国实践的主要是马克思主义的世界观和方法论。中国化就是用马克思主义的立场、观点和方法来具体分析中国的现实实践，而不是照搬马克思主义理论的全部内容和具体结论。在“强起来”的新时代，坚持马克思主义基本方法论原则和思维方式的指导具有重要的意义。

最后，在从七个方面阐释了“强起来”的中国特色社会主义实践必须坚持马克思主义的指导之后，我们将用一章的篇幅谈谈在这一实践过程中马克思主义的新的发展。继承与创新、坚持与发展始终是辩证的关系。中国化的马克思主义不是教条化的马克思主义，不是本本主义。中国马克思主义者总是在与中国特定现实相结合的过程中，坚持马克思主义的同时发展马克思主义，形成具有中国特色的马克思主义理论，不断丰富和发展马克思主义。在革命和建设实践中，形成了毛泽东思想，完成了中国“站起来”的伟大历程。在改革开放的实践中，形成了邓小平理论，实现了“富起来”的伟大目标。今天，中国特色社会主义走向了“强起来”的新时代，中国走向了全面建设社会主义现代化强国的新时代，形成了习近平新时代中国特色社会主义思想。习近平新时代中国特色社会主义思想是马克思主义中国化的最新成果，是 21 世纪中国马克思主义。它将马克思主义提升到了新的历史高度和新的历史境界，在多个方面坚持马克思主义的同时，也发展了马克思主义。新时代中国特色社会主义的理论和实践正在丰富和发展着社会主义和马克思主义，不断赋予它们丰富的民族内容和当代特征。

三、

“强起来”需要中国共产党的领导：离不开马克思主义政党理论的指导

中国的“站起来”与“富起来”是在中国共产党的领导下实现的，这是谁也否定不了的历史事实。那么，中国要进一步“强起来”，是不是还继续需要中国共产党的领导？党的十九大制定了使中国“强起来”的宏伟目标，与此同时，强调坚持和维护中国共产党领导。“党政军民学，东西南北中，党是领导一切的”绝不是一般的政治观点，也不是简单的政治口号。它有着与中国走向“强起来”相一致的政治寓意和政治内涵。要深刻认识中国共产党的领导对实现中国“强起来”至关重要，除了必须牢记历史的经验和正确把握现实，还必须依仗于正确理论的导向。这一理论就是马克思主义，特别是马克思主义政党理论。深刻认识中国共产党的领导对当今中国的重要性与深刻认识马克思主义对当今中国的重要性是完全一致的。

（一）现实清楚地告诉人们，中国特色社会主义进入新时代，必须更加突出和强调中国共产党的领导

习近平总书记指出，中国特色社会主义进入了新时代。他还指出，我们比历史上任何时期都更接近、更有信心和能力实现中华民族伟大复兴的目标。那为什么在这样一个时期更加突出和强调坚持和维护中国共产党的领导呢？这是由新时代中国特色社会主义所面临的客观现实所决定的。

第一，进入新时代，我国发展的广度和深度前所未有，各种利益关系的复杂程度前所未有，国际上大国角力的激烈程度前所未有。我们要进行具有许多新的历史特点的伟大斗争，全国人民必须凝聚起来，而能够把全国人民凝聚在一起团结奋斗的只有中国共产党。党的十九大报告制定了中华民族伟大复兴的新的奋斗目标，但这一奋斗目标绝不是轻轻松松、敲锣打鼓就能实现的。关键是要统筹各方面工作、协调各种利益、理顺重大关系，把党心、民心凝聚在一起。试问，在当今中国，除了中国共产党，还有什么力量能履行这样的职责、完成这样的任务呢？中国人民越来越深刻地体会

到，有血性、能团结战斗的民族才有未来和希望。一个民族的团结是力量之源、胜利之本。中国人民过去因为“涣散”“一盘散沙”吃的亏还少吗？只有在中国共产党诞生以后，中国才由涣散走向团结、由分裂走向统一、由懦弱走向刚强。当今中国确实更加需要中国共产党作为核心力量，把整个民族和国家团结在一起、凝聚在一起。中国共产党组织和动员群众的能力无人可及，中国共产党能够画出凝聚各方面力量的最大的同心圆。

第二，随着中国特色社会主义进入新时代，如何确保人民利益至上、如何确保人民的主体地位的问题会越来越突出和迫切。一种政治力量，只有“坚持以人民为中心”，把人民视为历史的创造者、视为国家前途命运的根本力量，才能践行全心全意为人民服务的宗旨，才能确保人民的主体地位，也才能获得人民群众的支持和拥护。在当今中国，这种政治力量非中国共产党莫属。一个政党的阶级本性，就在于其代表性，而中国共产党的性质体现了其人民性。人民性是习近平新时代中国特色社会主义思想的主要特征。“人民”一词是党的十九大报告中使用频率最高的词汇之一，在党的十九大报告中共出现203次。在党的十九大报告开篇，习近平总书记就指出：“不忘初心，方得始终。中国共产党人的初心和使命，就是为中国人民谋幸福，为中华民族谋复兴。”在“新时代中国特色社会主义思想和基本方略”部分，习近平总书记阐述了新时代中国特色社会主义思想中的人民中心、人民主体、人的全面发展、人民共同富裕、人民当家作主以及民生改善保障等内容。有这样一个与人民群众血肉相连的党来领导，就能为实现中华民族伟大复兴的使命提供持久的动力。

第三，中国特色社会主义进入新时代以后，带领中国人民行进在新时代中国特色社会主义大道上的领导力量，会面临新的重大风险和考验。承担着重大历史使命的政党只有以顽强意志品质正风肃纪、反腐惩恶，消除内部存在的严重隐患，更新内部的政治生活气象，促使党内政治生态不断好转，才有可能给自己的事业发展提供坚强政治保证。显然，中国共产党具备这样的条件，而且也只有中国共产党具备这样的条件。党的十八大以来，全面从严治党成效卓著。党的十九大报告则强调全面从严治党永远在路上；向全党提出要深刻认识党面临的执政考验、改革开放考验、市场经济考验、外部环境考验的长期性和复杂性；提出了新时代党的建设的总要求；强调必须把党的政治建设放在首位，把坚定理想信念作为党的思想建设的首要任务；还就如何建设高素质专业化的干部队伍、如何加强基层组织建设等制定了一系列具体的措施。党的十九大报告特别表现出了“夺取反腐败斗争压倒性胜利”的坚如磐石的决心，“无禁区”“全覆盖”“零容忍”“强化不敢腐的震慑”“扎牢不能腐的笼子”“增强不想腐的自觉”这些气吞山河、铿锵有力的语言，震撼人心。面对这样一个立誓要“通过不懈努力”“换来海晏河清、朗朗乾坤”的政党，人民群众必然会选择它、信任它。

第四，中国特色社会主义进入新时代，意味着近代以来久经磨难的中华民族迎来了从“站起来”“富起来”到“强起来”

的伟大飞跃。一个处于领导地位的政党，只有审时度势，自觉地带领人民迎接和适应这一新的时代，按照新时代如何“强起来”的要求，及时地提出新的目标和方向，才有资格和可能带领人民群众奔向无限美好的明天。中国共产党正是这样做的。习近平总书记在党的十九大报告中做出了“经过长期努力，中国特色社会主义进入了新时代，这是我国发展新的历史定位”这一重大政治判断。新的历史定位建立在我国社会主要矛盾发生了变化这一科学依据上。习近平总书记在党的十九大报告中指出：“我国社会主要矛盾已经转化为人民日益增长的美好生活需要和不平衡不充分的发展之间的矛盾。”这确实是从历史与现实、理论和实践、国内和国际等方面的结合上进行思考，得出的正确结论。习近平总书记关于中国特色社会主义进入新时代，中国社会的主要矛盾已经转化为“人民日益增长的美好生活需要和不平衡不充分的发展之间的矛盾”的论述，关于中国共产党必须为满足人民群众对美好生活的需要而努力奋斗的承诺，引起了中国人民的热切关注和广泛拥护。在这种情况下，人民群众心里非常明白，拥护中国共产党的领导，跟着中国共产党走，就意味着不仅可以满足“物质文化”方面的需要，而且还能满足“民主、法治、公平、正义、安全、环境”等方面的需要，意味着可以实现“自由而全面的发展”，创建新的人的存在方式，跨进新的人类文明。代表着历史前进方向的中国共产党必然会赢得人民群众的拥护和支持。

（二）马克思主义对无产阶级政党的性质的论述表明，中国共产党的宗旨决定了中国共产党领导中国人民走向“强起来”具有合法性

《共产党宣言》是作为无产阶级政党的共产党的第一个纲领。马克思和恩格斯在这里深刻地阐述了为什么要成立无产阶级政党以及作为无产阶级政党的共产党的性质和宗旨。

马克思和恩格斯认定：“在当前同资产阶级对立的一切阶级中，只有无产阶级是真正革命的阶级。”[①] 原因就在于无产阶级是现代大工业的产物，代表着先进的生产力和社会的未来。“在一切生产工具中，最强大的一种生产力是革命阶级本身。”[②] 无产阶级代表了最先进的生产力，从而自身也成了“最强大的一种生产力”。无产阶级是“资产阶级国家的奴隶”，身处“社会的最下层”，对于它来说，没有什么必须保留的东西，只有摧毁保护私有财产的一切，并实现全社会所有，才能翻身解放。

无产阶级是最革命的阶级，它负有充当资本主义社会的

---

① 马克思，恩格斯．马克思恩格斯文集：第 2 卷．北京：人民出版社，2009：41.

② 马克思，恩格斯．马克思恩格斯选集：第 1 卷．北京：人民出版社，1995：194.

“掘墓人”，推翻资本主义社会、建设一个新社会的历史使命。那么，它究竟如何才能履行这一历史使命呢？马克思和恩格斯指出，无产阶级要实现伟大的历史使命，就必须建立无产阶级独立的革命政党，即共产党。马克思和恩格斯强调，作为无产阶级政党的共产党，是无产阶级革命事业的领导力量，共产党的正确领导，是实现无产阶级历史使命的根本保证。马克思和恩格斯这样说道：“无产者组织成为阶级，从而组织成为政党这件事，不断地由于工人的自相竞争而受到破坏。但是，这种组织总是重新产生，并且一次比一次更强大、更坚固、更有力。”①

《共产党宣言》的第二部分一开头就提出了这么一个问题：“共产党人同全体无产者的关系是怎样的呢？”② 马克思和恩格斯自己回答说，共产党人不是同其他工人政党相对立的特殊政党，他们没有任何同整个无产阶级的利益不同的利益。“他们不提出任何特殊的原则，用以塑造无产阶级的运动。”③ 这就是说，共产党的性质是完全代表无产阶级的利益，共产党的性质决定了共产党人的宗旨就是全心全意地为无产阶级谋利益，除了忠实地代表无产阶级的利益之外，共产党没有自身的什么“特殊的利益”。共产党倘若在无产阶级利益之外还有自身的什么“私利”，那么它的性质就改变了，就不是什么无产阶级政党了。而因为无产阶级的利益又同广大人民群众的利益

---

① 马克思，恩格斯．马克思恩格斯文集：第 2 卷．北京：人民出版社，2009：40－41.

②③ 同①44.

高度一致，从而代表无产阶级的利益就是代表广大人民群众的利益。

马克思和恩格斯是这样从实践和理论两个方面总结共产党人的主要特征的：“在实践方面，共产党人是各国工人政党中最坚决的、始终起推动作用的部分；在理论方面，他们胜过其余无产阶级群众的地方在于他们了解无产阶级运动的条件、进程和一般结果。”① 这就是说，共产党是这样一个组织：它以最坚定不移、始终如一的实际行动投入无产阶级革命运动，它最透彻地了解无产阶级革命运动具有怎样的条件才能形成，其实际进程如何，最终它将产生什么样的成果。

中国共产党是无产阶级政党，按照马克思和恩格斯对无产阶级政党性质的论述，中国共产党的宗旨就是忠实地代表无产阶级和广大劳动人民的利益，全心全意地为他们谋利益。中国共产党领导中国人民“站起来”“富起来”是由这一宗旨所决定的，今天继续领导中国人民“强起来”也是由这一宗旨所决定的。

由中国共产党来领导中国人民走向“强起来”的“合法性”主要源自中国共产党以人民的根本利益为本。习近平总书记之所以在治国理政方面取得了为世人所瞩目的成就，之所以在担任党和国家主要领导人以来在国内外赢得了巨大的声誉，关键是因为他对执政的“合法性”在于“执政为民”这一点有着深刻的认识，并卓有成效地付诸实践。他提出了“人心向背

---

① 马克思，恩格斯．马克思恩格斯文集：第 2 卷．北京：人民出版社，2009：44.

是最大的政治”的著名论断，这一论断鲜明又简洁地表述了中国共产党的执政“合法性”的根基之所在。他所说的“人心向背”“不仅具有理论上的整体性、实践上的整体性、历史上的整体性”，“而且在内容上具有民生和民主的具体内涵”，“也就是说这个‘人心’既包括反腐败的大快人心，也包括促进民生的大获人心，是大快人心的反腐败和大获人心的促民生的有机统一”①。他站在历史唯物主义的高度提出，中国共产党作为马克思主义执政党，其最大政治优势是密切联系群众，最大危险是脱离群众②。他在中共十八届中央政治局常委同中外记者见面时的讲话中，也就是他就任中共中央总书记以后的第一次正式对外讲话中，就宣布，“人民对美好生活的向往，就是我们的奋斗目标”。他说，“接过历史的接力棒，继续为实现中华民族伟大复兴而努力奋斗，使中华民族更加坚强有力地自立于世界民族之林，为人类作出新的更大的贡献”，这是重大的责任。“这个重大责任，就是对人民的责任。”他说，“我们的人民热爱生活，期盼有更好的教育、更稳定的工作、更满意的收入、更可靠的社会保障、更高水平的医疗卫生服务、更舒适的居住条件、更优美的环境，期盼孩子们能成长得更好、工作得更好、生活得更好”，所有这些“人民对美好生活的向往，就是我们的奋斗目标”③。他向全党全国人民做出承诺：“始终与

① 张晓明．中国共产党执政合法性是基于大势所趋基础上的人心所向．广西社会科学，2015（12）．

② 习近平．改革开放30年党的建设回顾与思考．贵阳文史，2008（6）：4－11.

③ 习近平．习近平谈治国理政．北京：外文出版社，2014：4.

人民心心相印、与人民同甘共苦、与人民团结奋斗，夙夜在公，勤勉工作，努力向历史、向人民交出一份合格的答卷。”[①] 在党的十九大报告中，他更是把“坚持以人民为中心”作为构成新时代坚持和发展中国特色社会主义的基本方略。5 年多时间过去了，人们看到的是：以习近平同志为核心的党中央“向人民交出了一份满意的答卷”，肩负起了实现“人民对美好生活的向往”的“重大的责任”，相应地，人民群众也衷心拥护和认可中国共产党的领导，中国共产党的执政“合法性”的根基越来越牢固。这正是中国共产党领导中国人民走向“强起来”的“合法性”“正当性”的最大依据。

在认识中国共产党是不是具有领导中国人民走向“强起来”的合法性时，千万不能陷入“宪政民主”的陷阱。马克思鞭辟入里地揭露了资产阶级“宪政民主”的“合法性”的本质。在马克思看来，资产阶级的政治系统往往被冠之以“宪政民主”，殊不知这种“民主”实际上只是“形式民主”，资产阶级政治系统的“合法性”是建立在维护“形式民主”而不是“实质民主”的基础之上的。资产阶级“宪政民主”的“合法性”只适用于资本主义的生产方式，是为资本主义的那种生产方式服务的。中国共产党领导的社会主义的中国，自有其与自身生产方式相适应的“合法性”标准，自有其特有的“合法性”资源。如果社会主义的中国也把西方资产阶级“宪政民主”的“合法性”标准引进来，将它作为衡量自己的“合法

① 习近平．习近平谈治国理政．北京：外文出版社，2014：5.

性”的标准，那么中国共产党必然会陷入执政“合法性”的“宪政民主”陷阱。中国共产党根据中国社会的现实以及自身的性质是不可能推行西方式的“宪政民主”的。如果在走向“强起来”的过程中，把西方的“宪政民主”照搬到我们中国来，那么，中国共产党很可能会丧失对中国“强起来”的领导权，中国从而也不可能“强起来”。

（三）马克思主义关于群众、阶级、政党、领袖相互关系的理论使我们知道，要使中国“强起来”就必须维护以习近平同志为核心的党中央的权威

马克思主义政党理论的一个重要内容是论述了群众、阶级、政党、领袖之间的相互关系。对此，列宁有一段著名的话：“群众是划分为阶级的；只有把不按照生产的社会结构中的地位区分的大多数同在生产的社会结构中占有特殊地位的集团对立时，才可以把群众和阶级对立起来；在通常情况下，在多数场合，至少在现代的文明国家内，阶级是由政党来领导的；政党通常是由最有威信、最有影响、最有经验、被选出担任最重要职务而称为领袖的人们所组成的比较稳定的集团来主持的。”[1] 列宁的这段话深刻地阐明了群众、阶级、政党、领

① 列宁．列宁专题文集·论无产阶级政党．北京：人民出版社，2009：249.

袖的相互关系以及其在创造历史中的作用。

对于群众与阶级以及群众、阶级与政党的关系容易理解，关键在于要理解群众、阶级、政党与领袖的关系。人民群众、无产阶级要实现自己伟大的历史任务，就不仅需要有自己的政党，而且还得有自己的领袖。对政党的需要和对领袖的需要是完全一致的。人民群众、无产阶级如果没有自己的政党，就好像要到达美好的彼岸却缺少航船；而人民群众、无产阶级倘若没有自己的领袖，就好比即使有了到达彼岸的航船却缺少舵手。这就是说，人民群众、无产阶级之所以需要“最有威信、最有影响、最有经验”的领袖，正是因为在奔向美好的彼岸的航程中，需要舵手掌握方向，乘风破浪，驶向胜利。对于领袖的不可或缺的作用，马克思这样说道：“如爱尔维修所说的，每一个社会时代都需要有自己的大人物，如果没有这样的人物，它就要把他们创造出来。”① 列宁则说得更加直截了当：“在历史上，任何一个阶级，如果不推举出自己的善于组织运动和领导运动的政治领袖和先进代表，就不可能取得统治地位。”② “培养一批有经验、有极高威信的党的领袖，这是一件长期的艰苦的事情。但不这样做，无产阶级专政、无产阶级的‘意志统一’，就会成为一句空话。”③

按照马克思主义的政党理论，人民群众、无产阶级的领袖

---

① 马克思，恩格斯．马克思恩格斯选集：第 1 卷．北京：人民出版社，1995：432.

② 列宁．列宁选集：第 1 卷．北京：人民出版社，1995：286.

③ 列宁．列宁全集：第 32 卷．北京：人民出版社，1958：505.

之所以能够发挥巨大的作用，关键在于一方面他们没有特殊的个人利益，体现着无产阶级大公无私的高贵品质；另一方面他们是革命家又是思想家，既能从理论上解决极其复杂的问题，又能领导党、阶级、人民群众进行实际的斗争，体现着理论与实践的高度统一。恩格斯曾经这样描述马克思是如何成为无产阶级和广大劳动人民的领袖的："我们之中没有一个人像马克思那样高瞻远瞩，在应当迅速行动的时刻，他总是作出正确的决定，并立即切中要害。"① "最使那些微不足道而又自命不凡的满腹牢骚的小人恼火的是：马克思由于在理论上和实践上的成就已经赢得了这样的地位，各国工人运动的最优秀的人物都充分信任他。他们在**紧要关头**都向他请教，而且总是发现他的建议是最好的。他已经在德国、法国、俄国赢得了这种地位，至于在比较小的国家就更不用说了。所以，并不是马克思把自己的意见，更谈不上把自己的意志强加于人，而是这些人自己来向他求教的。马克思所起的特殊的、对运动极端重要的影响，正是建立在这种基础上的。"②

马克思主义的政党理论对领袖人物的充分肯定是建立在历史唯物主义关于人民群众和个人在历史上的作用的学说的基础之上的。首先，历史唯物主义坚持社会存在决定社会意识，肯定人民群众创造历史的决定作用。它不仅在理论上而且在实践上不断批判和克服英雄史观，从而使人民群众真正成为创造历

① 马克思，恩格斯．马克思恩格斯选集：第 4 卷．北京：人民出版社，1995：667.

② 同①646.

史的自觉的主人。历史唯物主义不但认为人民群众是社会物质财富、精神财富的创造者，而且认为人民群众是社会变革的决定力量。毛泽东这段话是对历史唯物主义关于人民群众是历史的创造者的经典表述：“人民，只有人民，才是创造世界历史的动力。”① 其次，历史唯物主义在肯定人民群众创造历史的前提下，同时又承认个人对社会发展的影响作用，甚至重大的影响作用。历史唯物主义认为，历史是由各种各样的个人的活动所构成的，每个人生活在世界上，总要在历史上留下一点痕迹，总要对社会历史起一定的作用。历史人物作为历史事件的当事人和历史任务的发起者，则在历史上打上自己深深的印记。

马克思主义政党理论对人民群众与个人在历史上的作用的辩证认识，引出了其对领袖与群众相互关系的辩证分析。一方面，必须认识到领袖的巨大作用归根到底是群众给予的，而且领袖的作用总是通过群众的实践体现出来的，倘若没有广大人民群众的积极参与，不管领袖的思想如何正确，都不可能付诸现实，从而领袖必须依靠群众；另一方面，也得承认群众确实需要领袖，如果没有领袖，群众就会成为“一盘散沙”，处于“群龙无首”的状态，没有领袖的引领和组织，群众再美好的愿望都会成为泡影。

当人民群众明白了无产阶级和广大劳动人民不仅要有自己的政党，而且也应有自己的领袖这一点后，就会自觉地去维护

① 毛泽东．毛泽东选集：第3卷．北京：人民出版社，1991：1031.

和拥戴自己的领袖。从这一意义上说，对人民领袖的维护就是对党的利益、阶级的利益、人民的利益的维护。维护和拥戴自己的领袖，是出于阶级的自觉，出于关心人民群众的根本利益。1956 年，邓小平在党的八大上所作的《关于修改党的章程的报告》中就指出，我们“对于领袖的爱护——本质上是表现对于党的利益、阶级的利益、人民的利益的爱护，而不是对于个人的神化”①。维护自己的领袖，实际上就是维护领袖的权威。把维护领袖的权威理解成搞独裁是片面的。恩格斯反对独裁，但他同时又批判那种所谓“反权威主义”的论调。他说道：“把权威原则说成是绝对坏的东西，而把自治原则说成是绝对好的东西，这是荒谬的。”② 他还这样形象地表述了权威的重要性：“能最清楚地说明需要权威，而且是需要专断的权威的，要算是在汪洋大海上航行的船了。那里，在危急关头，大家的生命能否得救，就要看所有的人能否立即绝对服从一个人的意志。”③ 他还这样严厉地批判了反权威主义者：“总之，二者必居其一。或者是反权威主义者自己不知所云，如果是这样，那他们只是在散布糊涂观念；或者他们是知道的，如果是这样，那他们就背叛了无产阶级运动。在这两种情况下，他们都只是为反动派效劳。”④

马克思主义政党理论认定，只有维护领袖的权威才能增强

---

① 邓小平．关于修改党的章程的报告．北京：人民出版社，1956：52.

②③ 马克思，恩格斯．马克思恩格斯文集：第 3 卷．北京：人民出版社，2009：337.

④ 同②338.

党的战斗力，确保党的事业的发展，这一理论被党的十八以来的现实所确证。党的十八来以来，中国在“强起来”的征途上所取得的一系列成就是与以习近平同志为核心的党中央权威的不断增强同步的。维护以习近平同志为核心的党中央的权威是中国走向“强起来”的政治保证。以习近平同志为核心的党中央所提出的增强政治意识、大局意识、核心意识、看齐意识，对维护权威起着至关重要的作用。在“四个意识”中，核心意识、看齐意识是基础性的、本质性的，是对政治意识、大局意识的检验和评判。正如有学者指出的：“确立习近平同志的核心地位、维护以习近平同志为核心的党中央权威、确保党始终成为中国特色社会主义事业的坚强领导核心，是三位一体的‘同心圆’，是领袖意义上的核心、政党意义上的核心、国家意义上的核心的有机统一体，对于统一全党意志，步调一致行动具有重大意义。”① 无论是历史还是现实都清楚地表明，以中国国情为主要依据，以执政政绩为主要参照，以人民群众的福祉为主要依归，形成稳定的、富有权威的领导核心，是全面发挥政党政治功能的重要保障，没有这一保障，中国是不可能“强起来”的②。在报纸杂志上，我们常常看到“关键少数”这一术语，在走向“强进来”的历史进程中，干部精英特别是党的领袖的角色确实起着关键的作用。这就要求人们，尤其是共产党员同党中央保持高度一致，自觉地维护中央权威。

①② 裴泽庆．构建以马克思主义政党为坚强领导核心的政治关系．中国井冈山干部学院学报，2017（1）．

（四）以习近平同志为核心的党中央遵照马克思主义的建党学说全面从严治党，使中国共产党领导中国人民走向“强起来”有了切实可靠的保证

马克思主义的政党理论主要有两个部分的内容：其一是阐述无产阶级政党的性质与宗旨，其二是论述无产阶级政党如何进行自己的建设。前者在当今中国的意义是可以以此为依据来说明为什么必须由中国共产党带领中国人民走向“强起来”；后者在当今中国的意义则在于中国共产党可在其指引下进行自己的建设，使自己真正承担起带领中国人民走向“强起来”这一历史使命。按照马克思主义政党理论对无产阶级政党的性质、宗旨的阐述，在当今中国要实现“强起来”必须加强中国共产党的领导，当我们说清楚这一点以后，接下来一个需要讨论的问题是：中国共产党能不能承担起这一使命，即有没有这个能力带领中国人民走向“强起来”。这完全取决于中国共产党本身的建设。如果中国共产党能够全面从严治党，致力于自身的建设，不断提高自己的执政能力和领导水平，把自己建设成为一个人民衷心拥护的马克思主义政党，那么，中国共产党就能始终走在时代前列，就如带领中国人民“站起来”“富起来”那样，率领中国人民进一步“强起来”。如何进行自身的建设？在什么样的思想的指导下进行自己的建设？毫无疑问，

指导中国共产党进行自身建设的理论就是马克思主义，确切地说，是马克思主义关于党的建设的理论。马克思主义特别是马克思主义的政党理论在当今中国的现实意义在这里再次充分地显示了出来。

在马克思主义那里，有着系统的关于无产阶级政党如何建设自己的理论。马克思主义经典作家认定无产阶级必须有自己的独立政党，并从而系统地回答了要建设一个什么样的党和怎样建设党的问题。马克思、恩格斯为无产阶级政党建设奠定了理论基础。列宁在新的历史条件下捍卫和发展了马克思主义，他不仅创立了新型的无产阶级政党，使俄共（布）成为世界上第一个在全国执政的党，而且致力于对马克思主义执政党的建设的新探索，创立了一个比较完整的政党理论。以毛泽东为代表的中国共产党人把马克思主义的基本原理同中国的具体实践相结合，创立了作为毛泽东思想的一个重要组成部分的毛泽东建党理论。以毛泽东为代表的中国共产党人在使中国共产党成为世界上最大的长期执政的无产阶级政党的同时，以更为完备的形态丰富和发展了马克思主义政党理论。马克思主义政党理论十分丰富，既包括无产阶级政党的政治纲领和策略原则，又内含无产阶级政党的组织原则和组织形式。为了维护无产阶级政党的革命性和纯洁性，马克思主义政党理论一是特别强调无产阶级政党必须以马克思主义为理论基础，必须明确党纲，树立旗帜，一切加入无产阶级政党的人，必须无条件地接受党的科学纲领，而且绝不可以把党的最终目的变为空洞的口号，而是应当把争得最终目的的斗争和当前条件所需要的政治行动密切结合起来。二是特别强调必须坚持不懈地与各种非马克思主义思想进行斗争，必须澄清各种反马克思主义思潮，以提高党的理论水平，认为以科学社会主义为党的理论基础，“是任何一个无产阶级政党内都根本不容讨论的问题。在党内讨论这些问题，就意味着对整个无产阶级社会主义提出怀疑”①。三是特别强调加强党内民主建设，增强党的凝聚力和战斗力，明确民主集中制是党的根本组织原则。恩格斯在晚年说，共产主义者同盟“组织本身是完全民主的，它的各委员会由选举产生并随时可以罢免，仅这一点就已堵塞了任何要求独裁的密谋狂的道路”②。四是特别强调维护党的领导核心的权威与作用，认为民主制与加强党的领导和权威并不矛盾，维护党的领导和权威是党的纲领和决议得以贯彻执行的保证。五是特别强调坚持党的团结统一，尤其要注意党的中央领导集团的稳定与团结，防止产生分裂的危险，列宁说，“保持党的统一和实现无产阶级先锋队的意志的统一是保证无产阶级专政胜利的基本条件”③。六是特别强调保持党的优良作风，尤其是密切联系群众的作风，坚决杜绝“人民的公仆”变为“人民的主人”，认为共产党“最严重最可怕的危险之一，就是脱离群众”④。七是特别强调严格党内监督，通过健全批评和自我批评来促使党的领导

① 马克思，恩格斯．马克思恩格斯文集：第10卷．北京：人民出版社，2009：444.

② 马克思，恩格斯．马克思恩格斯选集：第4卷．北京：人民出版社，1995：200.

③ 列宁．列宁选集：第4卷．北京：人民出版社，1995：470.

④ 列宁．列宁全集：第42卷．北京：人民出版社，1987：372.

忠诚地履行自己的职责。八是特别强调要不断纯洁党的队伍，认为无产阶级政党一旦成为执政党，一些欺骗分子、危害分子就会“改头换面”趁机混进执政党里来，在这种情况下，全部问题的关键就在于，“以健康的强有力的先进阶级作为依靠的执政党，要善于清选自己的队伍”①。

所有这些马克思主义建党的基本原则都成了中国共产党全面从严治党的指导思想。党的十九大为如何“坚定不移全面从严治党，不断提高党的执政能力和领导水平”做出了全面的部署。综观党的十九大为全面从严治党所提出的新要求和做出的新部署，不难看出，其中渗透着马克思主义政党理论，是马克思主义政党理论在当代中国的生动体现和创新发展。党的十九大强调的是“全面从严治党永远在路上”，“中国特色社会主义进入新时代，我们党一定要有新气象新作为”②。中国特色社会主义进入了新时代，党的建设也达到了新的境界。以习近平同志为核心的党中央把推进新时代的中国特色社会主义事业视为伟大的社会革命，而又把全面从严治党视为确保这一社会革命成功的“自我革命”。

有人因为改革开放以来中国共产党内出现了一些腐败分子，就怀疑中国共产党究竟还有没有能力进行自我纠错、自我净化，从而怀疑中国共产党还有没有能力带领中国人民进一步走向“强起来”。政党是为着实现一定的政治目的而建立的组

---

① 列宁．列宁全集：第 37 卷．北京：人民出版社，1986：24.

② 习近平．决胜全面建成小康社会　夺取新时代中国特色社会主义伟大胜利．北京：人民出版社，2017：61.

织系统，就其本意来说当然不希望犯错误，或者说错误越小越好，没有错误就意味着能够较为顺利地实现自己的目的。但是，古往今来，政党或者团体、组织、政治人物，完全不犯错误几无可能，马克思主义政党也不例外。回避错误是一个政党虚弱的表现，马克思主义的政党更应该敢于直面自身错误，中国共产党应正视自己的历史错误，包括今天党内出现的种种腐败现象。基本的历史事实是，中国共产党尽管犯过错误，但它是具有纠错能力的政党，能够把握住纠错的时机，转危为安。一方面中国共产党拥有能够纠错的思想武器，另一方面中国共产党又拥有民主集中制这一纠错机制。党的十八大后的反腐败斗争既取得了令人振奋的成绩，也暴露出了腐败问题之严重，但本质上仍然是中国共产党的自我纠错。正如习近平 2015 年在美国西雅图所说，中国继续推进反腐败斗争，打铁还需自身硬，“打铁”的人就是中国共产党①。一切有判断能力的中国人应该认识到，只有在早已轻装上阵、目标清晰、坚毅无比的中国共产党的领导下，才能真正带领中国人民进一步走向“强起来”。

---

① 习近平今年多个海外场合谈反腐：我说过反腐没有休止符．(2015－11－19)．http：//cpc. people. com. cn/xuexi/n/2015/11191c385474－27832447. html.

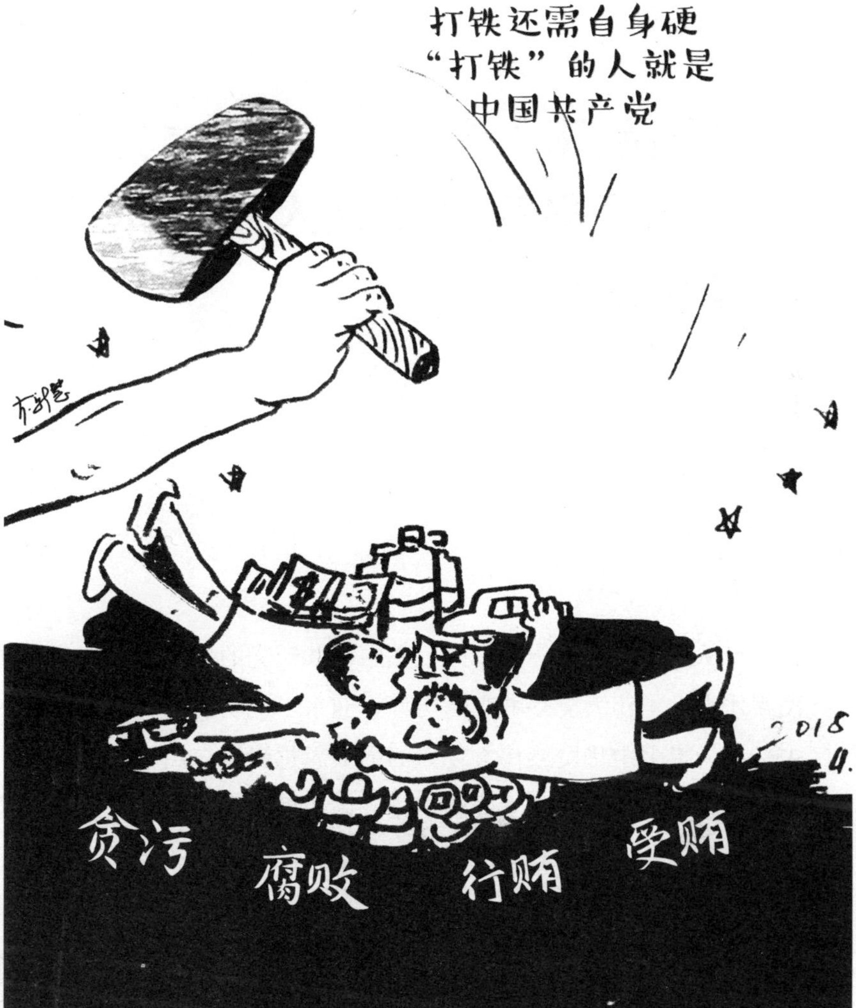
打铁还需自身硬
“打铁”的人就是
中国共产党
贪污
腐败
行贿
受贿
2018

四、

“强起来”需要聚磅礴之力：离不开马克思主义人民主体理论的指导

自从马克思主义传入中国，在中国共产党的领导下，中华民族才走上了伟大复兴的光辉历程，迎来了光明前景。马克思主义成为指引中华民族伟大复兴的强大思想武器，用马克思主义武装起来的中国共产党成为带领人民实现中华民族伟大复兴的主心骨。要在“强起来”的新征程中坚持、巩固和完善中国共产党的领导，就必须坚持马克思主义政党理论的指导。马克思主义政党理论与马克思主义人民主体理论是密不可分的。中国共产党作为马克思主义政党，是全心全意为人民服务的政党。为人民谋幸福、为中华民族谋复兴是中国共产党的初心和使命。中华民族伟大复兴的事业是人民的事业，是中华民族的共同事业。这一使命的完成需要广大人民群众的积极参与，需要广大中华儿女砥砺前行。只有振民心、聚民力、凝民智才能形成磅礴之势。无坚不摧的磅礴意志才能让中华民族伟大复兴的事业蒸蒸日上、势不可挡。毛泽东同志曾经指出，人民，只有人民，才是创造世界历史的动力。实现中国“强起来”的伟大事业，离不开马克思主义人民主体理论、离不开群众史观的指导。过去，中国共产党坚持全心全意为人民服务的宗旨，与人民群众之间建立了水乳交融的亲密关系，为此才建立了伟大的历史功勋。“强起来”的历史新征程更离不开广大人民群众的

华民族伟大复兴的事业是人民的事业

支持和参与，因此更需要坚持马克思主义人民主体理论的指导。一个马克思主义政党，只有真诚地相信人民、依靠人民、为了人民，才可能得到人民的拥护和爱戴，才能够顺利完成各项事业。

（一）唯物主义历史观本质上是一种群众史观，实现中华民族的伟大复兴必须坚持以群众史观为基础的马克思主义人民主体理论的指导

在当代西方理论中，现代常常被称为主体性得到解放的时代。后现代主义还常常在批判主体性的意义上批判现代性，认为现代战争、屠杀都是主体性张扬带来的社会历史后果。那么，主体性到底是什么意思？一方面，在现代人被看成主体，讲的是人成为存在的目的，人本身成了生命价值的来源，人不再为他者和上帝活着，而是为自己活着；另一方面，既然人的存在本身成了生命价值和生命意义的来源，人也就成了自我实现和自我满足的手段，不论是个体还是人类都只有通过自己的行动才能自我展开、自我实现，因此人成了存在的动力，成了自身生命和社会历史发展的推动者。在这样的意义上，现代解放就是确立了“人成为自己的主人”这样一条主体性的原则。人的权利、利益、欲求、理性等都得到了等同的承认，人拥有了自我实现的自由、平等、民主的权利。也就是说，人被理解为从各种专制制度和禁欲观念中解放出来的平等的个体。现代

的主体性主要是指这种意义上的主体性。现代政治哲学中的抽象公民和国民经济学中的“经济人”最典型地体现了这种现代主体性的观念，其核心是个人主义和自我中心主义原则的确立。马克思曾经指出，个人主义和利己主义是现代市民社会的基本原则。

马克思主义肯定现代个体解放的巨大历史意义，承认现代主体性的确立是一项巨大的历史进步，肯定历史不过是追求自己的目的的人的活动。但立足历史唯物主义的理论基础，马克思主义强调的不是这种作为独立个体意识的主体性，而是人民主体地位。马克思主义的主体性理论是人民主体理论。马克思批判指出，个体主体性观念只是现代社会历史的产物，只是资本主义条件下人的普遍生活状况的观念抽象。天赋人权论和“经济人”假定将历史的产物看成没有历史的“绝对”。马克思主义认为，这种现代主体性概念是一种抽象的人本主义。在历史唯物主义看来，这种抽象人本主义理论的出发点是抽象的人，而不是“现实的人”。马克思和恩格斯将历史唯物主义的出发点规定为“现实的人”。这种现实的人的概念在他们合作撰写的《德意志意识形态》中有具体的阐释。现实的人是指从事着生活资料的生产和再生产的人、自己的需要在生产的过程中不断发生变化的人、生产自身生命的同时生产他人生命的人。生命的生产和再生产始终是自然过程与社会过程的统一①。历史唯物主义认为，应该从现实的人生活的生产和再生产出发，也就是从人们的生产实践出发理解社会历史，而不应

---

① 马克思，恩格斯．马克思恩格斯选集：第1卷．北京：人民出版社，1995：73.

该从意识观念出发理解历史的运动。社会存在就是社会生活的生产和再生产过程。社会历史的发展不是由主观意识、不是由个人的精神创造的，而是客观社会生产的发展过程。

这就是历史唯物主义“社会存在决定社会意识”或“经济基础决定上层建筑”的基本思想。历史唯物主义的这一基本思想带来了社会历史观的根本变革。列宁在阐释唯物史观的时候指出：“发现唯物主义历史观，或者更确切地说，把唯物主义贯彻和推广运用于社会现象领域，消除了以往的历史理论的两个主要缺点。第一，以往的历史理论至多只是考察了人们历史活动的思想动机，而没有研究产生这些动机的原因，没有探索社会关系体系发展的客观规律性，没有把物质生产的发展程度看作这些关系的根源；第二，以往的理论从来忽视居民**群众**的活动，只有历史唯物主义才第一次使我们能以自然科学的精确性去研究群众生活的社会条件以及这些条件的变更。”① 因为马克思主义是从人民群众生活的社会条件及其变革来考察社会历史的，因此不再停留于对个体抽象权利的捍卫，不再只是从个体主体性解放的意义上来理解现代解放的意义。在历史唯物主义看来，广大人民群众的生产生活实践创造了历史。人民群众不仅创造了物质财富和精神财富，而且在关键的历史时刻直接在革命运动中推动历史的发展。坚持人民主体地位，就是要现实地分析人民群众的实际生活状况和他们对于社会历史发展的这种根本推动作用。在这个思想基础上，马克思主义坚

① 列宁．列宁选集：第2卷．北京：人民出版社，1995：425.

持人民的中心地位，坚持一切为了人民、一切依靠人民的实践原则，捍卫人民的政治权利，满足人民的物质利益，调动人民的积极性。马克思主义政党是坚持人民主体理论的政党，是将人民的事业作为自己事业的政党，是在人民的利益之外没有特殊利益的政党。中国共产党在领导中国人民“强起来”的新征程中，必须坚持马克思主义这种人民主体理论的指导。

马克思主义的人民主体理论不同于古代的民本思想。民本思想本质上还是官本位的，讲的是统治者应该体恤民情、顺应民心，这么做根本上是为了江山代代相传。在民本思想中，人民根本不具有法权意义上的平等地位和平等权利，更不要说被看成历史的创造者，被看成根本的价值目标了。当然，历史唯物主义的人民主体理论也不同于现代抽象的人本主义，不同于现代的民主理论。人民主体理论不是从获得抽象权利的意义理解主体性，强调的不是从专制极权和等级制中获得解放，确立个体的主体地位，而是从现实社会历史关系和历史运动的角度理解人民的主体地位和人民利益的实现程度等，赋予了人民主体性更加丰富和深刻的历史内涵。正是在这个意义上，我们认为历史唯物主义才是真正的民主理论，是第一次从广大人民群众出发的社会历史理论。它第一次从历史观层面论证了人民主体地位。它既否定了英雄人物创造历史的英雄史观，也否定了那种强调历史自在发展的历史宿命论，真正发现了历史发展的根本动力和运动机制。在这里，唯意志论和机械决定论、主体性与客观性、领袖与群众之间的抽象对立都消除了。更为重要的是，这种唯物主义的历史观，不再只是从获得抽象权利的角度理解主体性的解放，而是从人民群众的实际物质生活状况来理解自由解放的程度，满足人民群众的需求，推动和改变社会现实。这就在现代抽象权利解放之后，开启了新的自由解放理论，而不再将获得抽象的政治权利看成主体性解放的根本特征。马克思主义的人民主体理论在批判现代主体性解放的基础上，提出了人类全面解放的道路，丰富了主体性解放的内涵，为现实的政治实践提供了深刻的理论基础。

在党的十九大报告中，习近平总书记指出："人民是历史的创造者，是决定党和国家前途命运的根本力量。必须坚持人民主体地位，坚持立党为公、执政为民，践行全心全意为人民服务的根本宗旨，把党的群众路线贯彻到治国理政全部活动之中，把人民对美好生活的向往作为奋斗目标，依靠人民创造历史伟业。"① 人民主体理论是马克思主义的基本立场，它包括多方面、多层次的内涵。下面我们将主要从人民作为权利主体、利益主体和实践主体三个方面阐释坚持人民主体理论的重要性。离开了人民的广泛参与，没有形成磅礴力量，中国强不起来；不能捍卫人民的权利，满足人民的利益，即便强起来也是强者得益，背离初心，得不到人民的拥护和爱戴，最终不能持久。只有坚持人民主体理论的指导，并且将其贯彻到各方面的具体实践之中，中国才能强起来，强起来的中国才能真正体

① 党的十九大文件汇编．北京：党建读物出版社，2017：14－15.

现人民的意志，真正实现和捍卫人民的利益。

（二）实现中华民族伟大复兴必须坚决捍卫人民的民主权利，发扬社会主义民主，把我国建成民主的社会主义现代化强国

坚持马克思主义人民主体理论的指导，首先要肯定和捍卫人民的民主权利，发展和完善社会主义民主。没有民主就没有社会主义，不论是从理论来说还是从实践来说，民主都是社会主义的应有要求。当然民主有多种形式，有了民主还不等于就是社会主义。在这个问题上常常存在一些模糊甚至是错误的认识，这在理论上导致了混乱，在实践上更是带来现实的灾难。坚持马克思主义的人民主体理论，就必然肯定人民是权利的主体，国家的一切权力来自人民。要实现中国“强起来”的任务，就必须保障人民的各种政治权利，调动人民的积极性，只有这样才能凝聚实现中华民族伟大复兴的磅礴力量。

有的人把自由和民主当作资本主义的专利，认为只有普选制、多党制、三权分立才是民主制度。现代的自由民主模式被看成唯一标准，只有向它们靠拢，才叫实现自由民主。在这种看法中，马克思主义和社会主义就被划到了自由民主的对立面。持这种看法的人，批判马克思主义的有之，奇怪的是，坚持马克思主义的也有之。在这些人的眼中，自由和民主在马克思主

义语系中甚至成了贬义词，好像马克思主义是自由、民主的敌人，马克思主义不讲自由、不要民主，自由和民主成了资本主义文明的专利；社会主义在自由、民主话语的逼迫下只能消极防范，越来越失去话语权，不再敢理直气壮地举起自由、民主的旗帜！我国《宪法》明确规定了我国人民民主专政的性质，赋予了公民基本的民主权利和义务。在党的十九大报告中，习近平指出："我国是工人阶级领导的、以工农联盟为基础的人民民主专政的社会主义国家，国家一切权力属于人民。我国社会主义民主是维护人民根本利益的最广泛、最真实、最管用的民主。发展社会主义民主政治就是要体现人民意志、保障人民权益、激发人民创造活力，用制度体系保证人民当家作主。"① 马克思主义的人民主体理论首先表现为人民作为公民是权利主体。公民的民主权利依法得到捍卫和保障。只有人民的各种民主权利得到了充分保障，才谈得上人民的积极参与，才谈得上真正地为人民服务。正确地理解马克思主义的民主理论及其对待现代民主的辩证立场，坚决地批评各种否定社会主义民主的思潮，用马克思主义理论指导社会主义民主政治建设，才能形成生动活泼的政治局面，为中华民族的"强起来"筑牢坚实的政治基础。

马克思主义是现代民主政治的批判继承者，坚决主张捍卫人民的民主权利，但同时认为不能停留于抽象权利的层面。在马克思看来，反对封建等级制和专制主义的资本主义民主是现

---

① 党的十九大文件汇编．北京：党建读物出版社，2017：24.

代解放的基本成果，它肯定了人民政治权利。现代民主制度颠覆了以世俗的、神权的等级制为基础的权力结构，将自由和平等视为公共生活的基本原则，人民的权利得到平等承认，公民被看成没有血缘、地缘、宗教、经济、知识等差异的平等个人。这是现代民主政治的实质。马克思在博士论文中颂扬“自我意识”，实际就是呼唤现代人的觉醒，捍卫启蒙的主体性，要求实现自由和平等。在《莱茵报》的政治评论中，他力争言论自由、出版自由，抨击宗教的、世俗的专制权力，实际上是为自由民主呐喊。可以说，呼唤现代自由民主是马克思理论的出发点，马克思终其一生都在为实现人类自由民主不懈努力。然而，通过对现代自由民主制度和资本主义生产方式及其相互关系的批判，马克思认为，现代解放仅仅是政治解放，亦即形式的、抽象的解放，公民个人获得了抽象的自由民主权利，而实际上却生活在各种现实的束缚、奴役和不平等之中。因此，现代资本主义的民主实际上只是一种形式的、抽象的民主。就像当代马克思主义者艾伦·伍德指出的那样，真正的民主在本质上是反对资本主义的。只有社会主义或者说共产主义才能真正实现人民的民主权利，超越作为抽象权利实现方式的现代资本主义民主制度。

可以十分明确地指出，捍卫人民权利、人民当家作主是马克思主义人民主体理论的基本要求。没有民主就没有社会主义，不讲自由民主就不是社会主义。对于社会主义政权而言，社会经济发展是前提，贫穷不是社会主义，但是单纯的经济发展也不是社会主义。社会主义应该展现超越现代资本主义自由民主的新型生活。在革命建立的政权合法性基础逐渐淡化之后，不能将执政的合法性仅仅建立在经济发展上。把人看成简单的经济动物，好像满足人民的物质经济需求就可以了，这是一种错误的看法。那种认为苏联的解体仅仅是因为没有发展好经济，我们只要把经济建设搞好了，就能实现政权稳定的看法，实在是过于单纯了。今天，中国要实现“强起来”，就必须坚持马克思主义的人民主体理论，建设高度民主的社会主义政治生活。如果不注重民主政治建设的重要性、紧迫性，或者把握不住民主政治建设的原则性、方向性，就会出大问题。以马克思主义为指导的建设实践一定要把社会主义民主写在自己的旗帜上，落实到行动中。

社会主义民主建设要坚持马克思主义理论的指导，明确马克思主义的自由民主观与现代自由民主理论之间的区别与联系。这个问题的核心在于揭示社会主义民主与资本主义民主之间的深刻差异，突出社会主义民主的本质要求，以此为导向进行政治文明建设，突出民主建设的独特性和进步性。不要将自由民主的地盘轻易出让，把现代资本主义的形式自由和形式民主作为唯一标准。这一区分在马克思主义的经典作家那里是比较清楚的。问题根本不在于社会主义要不要民主，而在于社会主义要什么样的民主，它又以什么样的方式来实现人民的民主权利。

在社会主义民主建设中坚持马克思主义的指导，还需要明确社会主义民主与民主社会主义之间的差异。民主社会主义作为一种社会思潮与马克思主义存在着复杂的关系。民主社会主义主张通过议会选举参与政权，改变工人生活状况，影响资本主义发展方向，最终通过和平的方式进入社会主义。在革命与改良的道路问题上，民主社会主义是主张对资本主义进行改良的，主张在资本主义条件下以民主的方式实现社会主义。由于社会历史条件的变迁，由民主社会主义发展而来的许多政治流派和理论流派基本上放弃了社会主义主张。由于现实社会主义被一些人歪曲为革命的、专制的、暴力的社会主义，民主社会主义甚至变成批判现实社会主义的工具，将科学社会主义的实践同民主自由对立起来。民主社会主义讲的民主实质上就是形式民主、竞争性民主、抽象民主，远没有达到马克思主义论及的自由民主层次。社会主义民主讲的是作为社会主义构成内容和实现方式的民主，讲的是社会主义社会自身如何建设和发扬人民民主的问题。如果说民主社会主义在资本主义国家还具有某种改良意义的话，在已经建立了社会主义基本制度的国家宣扬民主社会主义就是一种无原则的倒退。

社会主义民主建设实践，还需要辩证处理自由民主理想同现实制约条件之间的关系。自由民主建设只有以马克思主义理论为指导，才能保证人民民主的基本性质，将立场放在广大民众一边，保证民主建设的正确方向。同时，必须意识到我国社会主义建设特殊的历史背景和现实条件，明确我们将长期处于社会主义的初级阶段，马克思主义经典作家论述的真正的、完全的民主，事实上我们还没有实现。但是，它是我们坚定不移的目标，我们不是将它推到遥远的未来，而是在每一步的实践中逐渐实现它。只有这样，理论与实践构成良性的互动关系，关于社会主义自由民主的理论和宣传才有说服力，才真正有导向性。在这个意义上，坚持社会主义民主的建设方向具有重要的意义。

今天，我国社会对于自由民主建设已经显出不同的、强烈的期待。这种不同涉及的主要还不是细节，而是原则方面。这种强烈已经到了十分迫切的程度，以至于对政治体制改革构成压力。苏联解体已经清楚地表明，忽视了社会主义民主建设不行，但民主政治建设的方向错了更不行。无论在什么情况下，我们都要高举社会主义民主的旗帜，发扬社会主义民主。“坚持党的领导、人民当家作主、依法治国有机统一是社会主义政治发展的必然要求。必须坚持中国特色社会主义政治发展道路，坚持和完善人民代表大会制度、中国共产党领导的多党合作和政治协商制度、民族区域自治制度、基层群众自治制度，巩固和发展最广泛的爱国统一战线，发展社会主义协商民主，健全民主制度，丰富民主形式，拓宽民主渠道，保证人民当家作主落实到国家政治生活和社会生活之中。”[①] 通过建设实践中的不断探索，我国已经形成了初步具有中国特色的社会主义民主发展道路，人民的民主自由有了制度和法律的保证。问题的关键是在现实实践中发扬民主，培养民主精神，让民主成为一种习惯，成为一种生活方式。沿着这条道路发展下去，勇于探索，就一定能够开创自由民主生活的新局面，改变将社会主义与民主自由割裂开来的形象。

---

① 党的十九大文件汇编．北京：党建读物出版社，2017：15.

(三) 实现“强起来”的伟大使命，不仅要保障人民的民主权利，还要以广大人民的根本利益为最高标准，赢得人民的拥护和爱戴

人民主体理论不仅是说人民是权利的主体，国家的一切权力属于人民，人民拥有基本的公民权利并且承担相应的公民义务；而且是说，人民是历史的创造者，马克思主义政党一切工作的中心是人民，它没有自己的特殊利益，而是以人民的利益为利益。增进人民的福祉是马克思主义政党的根本目的。党的十九大报告提出，要坚持在发展中保障和改善民生，以人民为中心，“增进民生福祉是发展的根本目的。必须多谋民生之利、多解民生之忧，在发展中补齐民生短板、促进社会公平正义，在幼有所育、学有所教、劳有所得、病有所医、老有所养、住有所居、弱有所扶上不断取得新进展，深入开展脱贫攻坚，保证全体人民在共建共享发展中有更多获得感，不断促进人的全面发展、全体人民共同富裕。建设平安中国，加强和创新社会治理，维护社会和谐稳定，确保国家长治久安、人民安居乐业”[①]。立足马克思主义历史唯物主义的基本原理，毛泽东将全心全意为人民服务作为中国共产党的根本宗旨。中

---

① 党的十九大文件汇编．北京：党建读物出版社，2017：16.

国共产党要带领中国人民实现“强起来”，就必须坚持人民主体理论，坚持这一根本宗旨，不忘初心，与人民同呼吸、共命运。

“全心全意为人民服务”体现了历史唯物主义的人民主体理论，是马克思主义人民主体理论生动和简明的概括。这一宗旨鲜明地揭示了马克思主义的人民主体理论与现代个体主体性思想的区别。马克思主义人民主体理论不是在抽象的意义上强调人民的权利，为人民的自由、平等和民主权利奋斗，将广大人民群众从等级制度和专制主义中解放出来，成为现代法权的独立个体，马克思主义要实现的是人类的全面解放，它不仅为争取人民的民主权利而斗争，而且要为满足人民的现实需求、为谋求人民各方面的福祉而奋斗。其根本目的是实现人民的各种利益。在马克思主义理论中，人民不只是权利的拥有者，也不只是政治生活中的公民，而且是历史的创造者和推动者，因此也应该是历史发展成果的享有者。马克思主义政党应该是人民利益的代表者、追求者和实现者。毛泽东同志抓住了马克思主义人民主体理论的核心，在纪念张思德的演讲中提出了“为人民服务”的思想。毛泽东同志指出：“我们的共产党和共产党所领导的八路军、新四军，是革命的队伍。我们这个队伍完全是为着解放人民的，是彻底地为人民的利益工作的。”[①] 后来在《论联合政府》一文中，毛泽东再一次指出：“紧紧地和中国人民站在一起，全心全意地为中国人民服务，

① 毛泽东．毛泽东选集：第3卷．北京：人民出版社，1991：1004.

就是这个军队的唯一的宗旨。”[①] 毛泽东同志提出的“全心全意为人民服务”的宗旨在实践中坚持和发展了马克思主义人民主体理论，是人民主体理论中国化的生动表达。正如习近平总书记在纪念毛泽东同志诞辰120周年座谈会上指出的那样：“全心全意为人民服务，是我们党一切行动的根本出发点和落脚点，是我们党区别于其他一切政党的根本标志。党的一切工作，必须以最广大人民根本利益为最高标准。检验我们一切工作的成效，最终都要看人民是否真正得到了实惠，人民生活是否真正得到了改善，人民权益是否真正得到了保障。”[②] 坚持全心全意为人民服务的宗旨，中国共产党才能够得到人民的普遍拥戴和支持，带领中国人民实现中华民族的伟大复兴。

中国共产党正是由于很好地坚持了全心全意为人民服务的根本宗旨，与人民群众打成一片，所以不论在战争时期还是在和平建设时期，都得到了广大人民群众的支持、拥护和爱戴。共产党员成为一个响亮的名字，代表着社会的先进分子和积极分子，不仅是一个政治身份，而且是一个具有崇高道德意义的符号。为人民服务是共产党人的光荣使命。但是近些年来，随着社会主义市场经济的发展，随着社会利益的分化，有的人拥有了权力，有了自己特殊的利益，为人民服务的心思就淡了。在这种现实语境中，有的人甚至提出，作为执政党的中国共产

① 毛泽东．毛泽东选集：第3卷．北京：人民出版社，1991：1039.

② 习近平．在纪念毛泽东同志诞辰120周年座谈会上的讲话．北京：人民出版社，2013：18-19.

党应该像西方政党一样成为一般的社团组织，人民概念应该由法治社会的公民概念来代替，要求划清政治组织和社会公民、公共权力与私人事务之间法律意义上的权利义务界限。公共权力和公共资源不能为私人事务服务等。全心全意为人民服务在新的历史条件下遭遇了各种挑战。这个挑战的实质是我们还要不要坚持马克思主义的人民主体理论，还要不要坚持中国共产党的初心，本质上涉及的是中国共产党执政的合法性和正当性基础的问题。

习近平在中共中央政治局集体学习历史唯物主义理论时强调，要学习和掌握人民群众是历史创造者的观点，紧紧依靠群众推动事业发展。要坚持把实现好、维护好、发展好最广大人民根本利益作为一切工作的出发点和落脚点，让发展成果更多更公平惠及全体人民，唯有如此改革才能大有作为①。对此，党的十九大报告中又有进一步阐述："不忘初心，方得始终。中国共产党人的初心和使命，就是为中国人民谋幸福，为中华民族谋复兴。这个初心和使命是激励中国共产党人不断前进的根本动力。全党同志一定要永远与人民同呼吸、共命运、心连心，永远把人民对美好生活的向往作为奋斗目标，以永不懈怠的精神状态和一往无前的奋斗姿态，继续朝着实现中华民族伟大复兴的宏伟目标奋勇前进。"② 这是中国共产党坚持人民主体理论最新的表述，也是全心全意为人民服务这一宗旨的最

---

① 中共中央宣传部．习近平总书记系列重要讲话读本．北京：学习出版社，人民出版社，2014：176－177.

② 党的十九大文件汇编．北京：党建读物出版社，2017：1.

新表述。在实现中华民族伟大复兴新的历史征程中，要实现“强起来”的伟大使命，就必须坚持人民主体理论，坚持全心全意为人民服务的根本宗旨。只有赢得人民的拥护和爱戴，才能带领广大人民群众同心协力，顺利实现把我国建设成为富强、民主、文明、和谐、美丽的社会主义现代化强国的目标。

（四）“强起来”就必须激发人民的实践主体性精神，广大人民群众的自觉参与是顺利实现建设社会主义现代化强国目标的根本保证

马克思和恩格斯在他们早年的著作中曾经说过：“历史不过是追求着自己目的的人的活动而已。”[①] 这句话最简明地表达了现代主体性的历史概念，强调了人在历史中的作用。人是历史活动的主体。一方面，人是历史活动的目的，人的存在本身是价值和意义的来源；另一方面，人又是历史发展的动力，人通过追求自身的目的推动历史的进步。正是这种主体性的观念打破了宿命论和机械决定论的历史概念，将历史看成主体性实践推动的现实过程，而不受什么外在于人的神

---

① 马克思，恩格斯．马克思恩格斯文集：第1卷．北京：人民出版社，2009：295.

秘力量的支配。当然，历史唯物主义主体性的历史观念也反对唯意志论和英雄主义的历史观。历史唯物主义突出地强调创造历史的主体性精神，强调理论认识的目的是改造现实。从历史唯物主义的基本原理出发，马克思主义的历史观是群众史观，认为人民群众是创造历史的主体，人民群众的实践推动着社会历史的发展。马克思主义的人民主体理论不仅要求捍卫人民的主体权利、满足人民主体的利益，而且突出地强调尊重人民的首创精神，激发人民创造历史的热情，使其担当起推动历史发展和人类进步的责任。要实现中国从“富起来”走向“强起来”，就必须进一步激发人民的实践主体性精神，调动广大人民群众的积极性、主动性和创造性，使其自觉参与到中华民族伟大复兴的新的历史征程中，只有这样才能群策群力，顺利实现建设社会主义现代化强国的目标。

在革命战争年代，正是因为有了人民群众的广泛参与和积极支持，正是因为有了人民群众的牺牲和奉献，我们才得以顺利克服各种困难，取得革命的伟大胜利，推翻了三座大山，建立了中华人民共和国。在建设年代，正是在中国共产党的领导下，千千万万的普通个人日夜奋战、艰苦奋斗、忘我牺牲，我们的建设事业才取得成功；在中国特色社会主义的建设实践中，正是广大人民群众的开拓进取、艰苦创业、吃苦耐劳的精神，创造了一个又一个奇迹，中国社会经济各方面的事业才取得了快速的发展。我们仅用 40 年的时间就走完了西方发达国家用数十年甚至上百年的时间才完成的历史过程，迅速地实现了“富起来”。如今中国已经成为世界第二大经济体。虽然我们经济上还存在发展不平衡和不充分的问题，但谁都不会把中国与贫穷联系在一起了。正是由于激发了人民的创造热情，肯定了人民的主体性精神，我们才取得了如此辉煌的历史成就。要凝聚磅礴之力实现中国“强起来”，就必须相信人民、依靠人民，继续发挥人民的实践主体性精神，坚持用马克思主义的人民主体理论指导我们的现实实践。

坚持马克思主义人民主体地位，发挥人民的实践主体性精神，需要辩证地看待历史伟人和先进政党与人民群众之间的关系。马克思主义是辩证的唯物主义，在肯定人民主体地位的同时，并不否定杰出人物的历史作用，不否认人民领袖对于历史发展的巨大推动作用，也不否定先进的政党组织引领时代、带领人民创造历史的作用。在谈到伟人巨大历史作用的时候，马克思主义著名理论家普列汉诺夫曾经指出：“伟人确实是发起人，因为他的见识要比别人的远些，他的愿望要比别人的强烈些。他把先前的社会关系发展过程所引起的新的社会需要指明出来，他担负起满足这种需要的发起责任。”① 伟人是那些具有远见卓识、能在历史发展的关键时刻为未来指明方向并且带领人民实现理想目标的杰出人物。肯定人民创造历史的实践主体性，绝对不是否定产生于人民实践并且能够领导人民实践的伟人的作用。与此同时，群众史观也不否认先进政党

---

① 普列汉诺夫哲学著作选集：第 2 卷．北京：三联书店，1961：373.

在人民创造历史过程中的组织、宣传和推动作用。正是因为有先进政党的组织和带领，人民才能更好地发挥创造历史的积极作用。所以，在“强起来”的新征程中，在坚持人民的主体性的同时也要坚持党的领导地位，不能将二者对立起来、割裂开来。党的群众路线是正确处理领袖、政党和群众关系的法宝。像习近平总书记指出的那样：“群众路线是我们党的生命线和根本工作路线，是我们党永葆青春活力和战斗力的重要传家宝。不论过去、现在和将来，我们都要坚持一切为了群众，一切依靠群众，从群众中来，到群众中去，把党的正确主张变为群众的自觉行动，把群众路线贯彻到治国理政全部活动之中。”①

在这个问题上，国内的理论界和社会舆论中有一些人刻意制造所谓“精英主义”和“民粹主义”之间的对立，他们从抽象的立场出发，把普通人民群众和社会精英对立起来，甚至刻意地挑起二者之间的冲突，制造社会分裂。一些人站在抽象的人民立场上，好像只有他们才真正地代表人民的利益，他们利用部分群众的情感和特定事件，挑起社会争端，反对社会精英，反对科学理性，甚至否定党的领导，最终滑向了抽象的民粹主义立场。另一些人则相反，高高在上，看不起人民，不尊重人民群众的利益，不为人民群众服务，贬低人民群众的作用。马克思主义的群众史观坚持人民主体理论，坚持为了人

① 习近平．在纪念毛泽东同志诞辰120周年座谈会上的讲话．北京：人民出版社，2013：17.

民、依靠人民，就一定要反对这种抽象的人民立场和抽象的精英立场，倾听人民的呼声，以人民为师，将人民的创造性和参与社会建设的积极性有效地组织好、引导好，使之成为实现民族伟大复兴的磅礴力量。

五、

“强起来”需要精神支柱：离不开马克思主义意识形态理论的指导

回顾历史，毛泽东在新中国成立前夕就自豪地宣布：“自从中国人学会了马克思列宁主义以后，中国人在精神上就由被动转入主动。从这时起，近代世界历史上那种看不起中国人，看不起中国文化的时代应当完结了。”① 当着中国在“站起来”“富起来”的基础上进一步走向“强起来”的历史阶段，我们在精神上、文化上的主动性无疑应当得到更突出、更全面的展示。党的十八大以后，以习近平同志为核心的党中央在原先“三个自信”提法的基础上，逐步提出并深入阐发了“文化自信”的重要范畴，认为

① 毛泽东．毛泽东选集：第 4 卷．北京：人民出版社，1991：1516.

文化自信“是更基础、更广泛、更深厚的自信”。可以说，中国的“强起来”内在地呼唤着精神文化方面的自强、自信。

关于人们的精神文化，古往今来的哲学社会科学的众多门类、派别都做出过精彩的阐述，但具有“中国特色社会主义”规定性的文化，必然要求马克思主义的指导。马克思主义走出了以往思想史上的唯心主义误区，科学地界定了人的精神因素在人的社会生活、社会实践中的作用和地位，特别是界定了人们具有社会性特别是阶级性的精神因素——“意识形态”的概念。党的十九大报告尤其强调，“中国特色社会主义文化是激励全党全国各族人民奋勇前进的强大精神力量”，这凸显了精神文化的支柱性作用，是对马克思主义中国化、时代化的一个重要确证和延展，特别是展现了马克思主义意识形态理论的当代价值。

（一）按照马克思主义的意识形态理论，人类社会存在着“经济基础-上层建筑”的辩证运动，意识形态反映并且推动着社会发展，马克思主义尤其具有这种现实力量

马克思主义的唯物主义历史观，科学地分析了人类社会当中“经济基础-上层建筑”的辩证运动结构。一方面，马克思主义把人们物质生活的生产方式和交往方式作为基础，其对人

的全部生活包括精神生活具有决定性作用。另一方面，马克思主义也指出人们的政治和法律制度结构，以及人们的“意识形态”即法律、政治、宗教、艺术、哲学等方面的思想观点，这些上层建筑能动地反映着经济基础。恩格斯晚年尤其注意向马克思主义的学习者强调要全面辩证地理解唯物史观，意识形态的这些因素“对历史斗争的进程发生影响并且在许多情况下主要是决定着这一斗争的**形式**的”①。

承认意识形态在历史运动当中的独特地位和重要影响力，这首先是同马克思主义新世界观的整体看法相适应的。马克思主义的唯物辩证法看待世界和人的存在，不是像西方哲学特别是近代哲学那样，在物质和精神、感性和理性之间做出机械的二元划分，或者是寄托于松果体、上帝之类荒谬的统一。马克思主义把其中的统一性建基于人的感性实践当中，认为人所具有的是一种“丰富的、全面而深刻的感觉”，理性的思维、预期、设计等，是内在于人的感性存在之中的，也就是说，是人的实践活动的一个内在环节。

以往的西方哲学史的主流见解，把“理性”看成人和动物的本质区分，马克思扬弃了这种唯心主义的片面性，他推崇物质实践。但是作为扬弃，这种实践是总体的、全面的，不是单纯的肉体生理机能，马克思在《资本论》里称赞说，最蹩脚的建筑师也要比蜜蜂高明，这就是肯定了人的观念对于实践的指导意义。马克思在《政治经济学批判》序言当中那段对唯物

① 马克思，恩格斯．马克思恩格斯文集：第 10 卷．北京：人民出版社，2009：591.

史观的经典表述，是把“意识形态”“精神生活”“社会意识形式”作为同一层次的范畴来使用的，意识形态也是人的生活、人的社会性的一个有机组成部分。可以说在马克思主义对人的界定当中，观念因素融入了人的总体实践当中，从而也就融入了人的现实本质。

进一步来说，马克思主义作为一种革命的、实践的、共产主义的唯物主义，在着重阐发社会历史运动的重大变革，特别是在阐发变革的重要关头、重要转折点时，尤其强调意识形态领域的变革对于社会总体变革而言具有先导作用。马克思主义认为，理论一经掌握群众，就会转变为物质力量，更进一步说，现代无产阶级所追求的共产主义事业尤其倚仗这种掌握和转变。这是因为，共产主义的新社会不能依靠在旧有经济基础当中自发孕育成熟，不能消极等待资本主义社会的自动瓦解和新社会的渐进生成。从而，共产主义就只能靠上层建筑中的革命意识形态和先锋队组织进行有为运作和能动创制，推动进行伟大的社会革命。对此，列宁用言简意赅的话语做了总结：没有革命的理论，就不会有革命的运动。

中国人民在争取“站起来”和“富起来”的伟大历史实践中，生动展现了马克思主义理论武器的指导作用。正是十月革命一声炮响给中国送来了马克思列宁主义，才使得近代以来在救亡图存事业中长期摸索的中国人民确定了正确的道路。尤其是中国共产党人实现了马克思主义中国化的理论飞跃，指导人民通过新民主主义革命建立了新中国，中国人民从此站起来了。改革开放新的历史事业的开启，也同样要归功于意识形态领域变革的引领作用。正是在真理标准大讨论的充分思想酝酿之下，党的十一届三中全会得以在组织上完成拨乱反正的关键一步，并在其后逐步推进了马克思主义中国化的新飞跃，领导中国人民逐步开辟出中国特色社会主义道路。可以说，中国人民“富起来”的实践中对生产力的解放离不开最初“实践是检验真理的唯一标准”的思想解放，改革这一“第二次革命”离不开马克思主义中国化的“第二次飞跃”。

而今天，中国人民在“站起来”和“富起来”的基础上，又处在了“强起来”的新历史征程上，我们仍然需要重视意识形态领域问题和任务的重要性，坚持马克思主义理论的指导地位，将其作为“强起来”的精神支柱。首先，支柱作用表现为一种安全的保障和底线的坚守。在中国不断“强起来”的征途上，尤其充满着艰巨性和复杂性，特别是我们在意识形态领域所面临的质疑和挑战，还会更甚于之前“站起来”和“富起来”的过程，稍有不慎就会犯颠覆性的错误。因此，以习近平同志为核心的党中央在新时代反复强调意识形态安全的极端重要性，习近平同志强调马克思主义是我们的“看家本领”，只有看住了这个“家”，我们才能把稳航向，坚决避免苏联自我解除思想武装、自我走向瓦解的亡党亡国之路。其次，支柱作用表现为能动先导。早在我国处于社会主义建设的起步阶段时，毛泽东就提出“人是要有一点精神的”[①]，意在激励全党

① 毛泽东．毛泽东文集：第7卷．北京：人民出版社，1999：162.

全国人民延续和发扬精神来克服前进道路上的困难，并把艰苦奋斗和勤俭建国作为经济原则明确下来，这不仅仅是在物质生活资料贫乏的状态下不得不采取的一种手段和观念，而且其中还蕴含着生产性的因素，蕴含着走出贫乏的出路。今天，中华民族伟大复兴虽然已经取得了辉煌成绩，但要实现“强起来”的目标仍然需要长期性的发展，而发展的过程仍然需要规划引领。正如习近平同志所说，“发展理念是发展行动的先导，是管全局、管根本、管方向、管长远的东西”，端正理念也就是在为发展提供驱动。

（二）根据马克思主义的意识形态理论，意识形态归根结底反映着经济基础，我们要正确应对中国经济社会的重大转型，既不忘初心又与时俱进，更好地坚持马克思主义在意识形态领域的指导地位

既然意识形态归根结底反映着社会的经济基础，那么当代中国“强起来”过程中的意识形态工作，首先就要立足于基本国情和社会建制，面对和处理从这个基础内在地生发出来的任务和挑战，解决好经济社会发展和意识形态安全的系统建设工程。在“站起来”的阶段，我们面对半殖民地半封建的经济基础，开展伟大的社会革命，推翻近代以来压迫中国人民的三座

大山，也相应荡涤了旧有社会基础留给中国的精神毒害和摧残，随后构建起了社会主义的基本制度和物质基础，努力建设社会主义新的精神文化。而在“富起来”的阶段，我们首要的是坚持“发展是硬道理”“发展是执政兴国的第一要务”，集中精力把经济建设搞上去，提高人民的物质生活水平，在发展的大前提下凝聚民族复兴的最广泛共识，推动社会主义文化的大发展大繁荣。

而随着改革开放的伟大变革，特别是随着社会主义市场经济体制的建立，中国社会的意识形态不能不随之发生重大的转型，意识形态工作不能不面临全新的挑战，“老革命”必然碰到“新问题”，这个问题并没有随着“富起来”而自动解决，问题留给了“强起来”的新时代，呼唤新时代提高意识形态工作的针对性和有效性，完成意识形态领域新的、带有系统性创造的创制。在马克思主义看来，经济基础和上层建筑并不是直接同一的关系，而是辩证的统一。这里的辩证统一是一个运动过程，是经历了从原初同一到差异对立的分化，再在矛盾的冲突当中，达成扬弃的统一，“强起来”就要达到更高层次上的扬弃与和解。

我们要看到，在马克思直接的视域当中，市场同现代资本主义社会形态有着不可分割的关联，即使我们的社会主义市场经济拯救出了市场的合理内核，让它在社会主义社会当中发挥积极作用，它仍然带有同资本原则更加亲和的原生规定性，从而那种内生于市场并经由市场而部分呈现资本原则的意识形态，在中国就具有了生长蔓延的现实土壤。在马克思看来，市场“是资本主义生产方式的基础和生活条件”①，反过来也正是资本主义“所固有的以越来越大的规模进行生产的必要性，促使世界市场不断扩大”②。市场的起点是确立一定的个人利益主体，并把获取利益作为人进行经济活动的驱动力，这种主体和动力具有自我循环和内在扩大的效应，在人与人相互的竞争关系当中，也就极大地激发了个人的积极性，市场竞争创造了效率，推动了生产力发展，增加了社会财富。

而在西方资本主义世界中，资本当然就充分地利用而绝不限制这种市场内在机制，纵容乃至鼓励人们追求利益的最大化，形成和壮大了与资本主义经济基础相适应的消费主义、享乐主义、个人主义等意识形态。社会主义之所以要采用市场经济，是因为看到了市场追求利益和效率的内在冲动的积极作用在客观上发展了社会生产力，而在社会主义条件下利用市场经济的效率性，就必须把应对市场的消极面包括应对这种意识形态的副产品作为重要课题。

社会主义市场经济的优越性，有赖于社会主义的制度安排和相应意识形态的塑造，从而比资本主义更好、更切实地满足人民群众的利益诉求。资本主义采用市场经济，本质上是要使利益、效率表现为资本的利益、效率，归根结底表现为资本的增殖，这就使得市场高效率地创造出的财富主要不归劳动者所有。而且，

① 马克思，恩格斯．马克思恩格斯全集：第25卷．北京：人民出版社，1974：126－127.

② 马克思，恩格斯．马克思恩格斯全集：第46卷．北京：人民出版社，2003：371.

资本增殖还内在地蕴含着对财富的重新定义和否定。西方著名经济学家康芒斯这样描述资本主义的市场制度：市场当中发生的“不是实际‘交货’那种意义的‘物品的交换’，它们是个人与个人之间对物质的东西的未来所有权的让与和取得”，是“所有权的转移”①。资本主义追求的“价值”和“增殖”，是抽象的所有权符号的积累，从商品到价值、从实体产业到金融和虚拟经济，越来越表现为一种抽象化、虚幻化的增长。

中国特色社会主义事业与此有着根本差别，我们是在坚持马克思主义基本原则的前提下，利用市场来实现社会主义的目的。这种利用，首先是为了尊重和响应人民对经济利益的现实诉求，鼓励社会成员在劳动和合法诚信经营的基础上，让市场的资源配置方式发挥解放和发展物质生产力的功能，调动个人、社会和国家的多重积极性，使其统一到提高社会财富总量和人民生活水平上来。因此，社会主义对市场的规定性，也就要求全体人民在利益格局上结成共同体，相应在意识形态上，要求发扬全体人民的主体精神，坚持同心同德、同甘共苦，秉持共同的理想信念。邓小平在“富起来”的阶段，就深刻指出在经济发展起来之后，又需要注意分配的问题。在“强起来”的新时代，我们全面深化改革，坚持发展以人民为中心的思想，共同发展、共同享有，才能保证现代化建设和市场经济的社会主义方向，保证中国梦归根结底是人民的梦。

---

① 康芒斯．制度经济学：上册．北京：商务印书馆，1962：74.

我们这种起到指导作用的理想信念，既要目标远大又要切中现实，既要保持好初心，又要形成新知、新方案。正如习近平同志所说，我们要胸怀共产主义的崇高理想，并且矢志不移贯彻执行党在社会主义初级阶段的基本路线和基本纲领，做好当前每一项工作。并且，在中国走向“强起来”的今天，在中国综合国力和文化软实力日益强大、中国发挥越来越大的国际影响力和示范效应的情势下，我们更需要在马克思主义指导之下进一步推动发展马克思主义，把握新时代，做出新阐发，为世界贡献中国智慧，使中国在精神上也再次赢得主动。也就是说，中国“强起来”的过程，同时也正是马克思主义走出低潮走向复兴的过程，马克思主义与中国的“强起来”定会相互影响、相互促进，两者相辅相成，21 世纪中国马克思主义将成为马克思主义发展史上的伟大形态。

（三）根据马克思主义的意识形态理论，就能揭露“西化”思潮特别是西方所谓“普世价值”的虚假性，向世界呈现同中国国情和社会制度相适应的中国智慧

除了上述经济基础和意识形态的内在张力问题，中国要“强起来”还面临着更为直接的意识形态对手，首先就是西方

资本主义意识形态的敌对攻击和“西化”蛊惑，以及中国自身内部存在着的畏惧崇拜西方、盲目追求“西化”的思潮。西方资本主义世界对社会主义存在固有的敌意，不过中国共产党人在新中国成立之前就已经敏锐地意识到，这种敌对攻击将愈来愈采取“糖衣炮弹”的形式，而以美国为首的西方本身也明确提出了“和平演变”的战略，试图从意识形态上寻找突破口，通过控制社会主义国家的人民乃至执政者的思想，从内部瓦解社会主义。在中国进行改革开放并走上中国特色社会主义道路后，西方似乎愈发嗅到了“契机”，加紧进行威胁、渗透、颠覆的敌对行为，特别是21世纪以来，我们日益融入经济全球化潮流并日益加深国际政治参与，西方的“颜色革命”“普世价值”等意识形态攻势也越发凌厉起来。

“西化”思潮当中的初级版本，是“全盘西化论”，或者至少是“西方中心论”，是对西方的强大国力和发达社会生活水平的崇拜。这种意识形态直接反映着近代以来西方的优势、攻势地位。西方依托其强大国力进行军事、政治、经济、思想的全面侵略，相应的落后国家人民在无意识当中接受了西方式的现代化图景，中国这一古老文明的近代遭遇也是如此。在这段特定的历史运动中，原本作为地理方位名词的“西方”与“东方”获得了更加沉重的社会内涵，似乎“西方”就意味着“现代”，“东方”则代表着“传统”，“西方”赢得了“世界历史”的普遍性地位，它规定了世界其他部分的历史前进方向。西欧社会从中世纪晚期萌生并发展成熟的诸种因素和特质，如城市工商业、机器大工业、世界市场、市民社会、民族国家、科学技术，以及理性化的道德、艺术和宗教等文明元素，都被打上“西方”标记，随着西方文明的全球扩张，传播到整个世界。

世界其他各地的近代历史，包括中国的近代历史，尽管也有着各自文明传统的历史性关联，尽管也或多或少存在对“西方”的怀疑和反思，但总的来说，确实无法违背“西方化”的趋向，这种“西方化”深深印刻在中国的近代记忆里，很大程度上还延续至今。就像毛泽东所说：“要救国，只有维新，要维新，只有学外国。那时的外国只有西方资本主义国家是进步的，它们成功地建设了资产阶级的现代国家。日本人向西方学习有成效，中国人也想向日本人学。”① 但真实历史进程的教训，使得中国人认识到全盘学习西方、变为西方的道路行不通，从而突破了“西方化”的思维模式。

其次，中国人逐步接受了马克思主义，找到了积极的前进方向。中国共产党领导中国人民进行伟大的社会革命，建立新中国而“站起来”，大力解放和发展生产力而“富起来”，走出了中国自己的路、非西方的路，在事实上突破了“全盘西化论”和“西方中心论”。而在此基础上，“强起来”除了需要继续沿着我们自己开辟出来的道路前行，还得进一步深化自信，用马克思主义的立场、观点、方法，使事实成果形成理论叙事，讲好中国故事，提出现代化发展的中国版本，在理论上驳倒“全盘西化论”和“西方中心论”。客观地说，上述种种现

① 毛泽东．毛泽东选集：第4卷．北京：人民出版社，1991：1470.

代化要素本身，大部分确实是历史发展的必然趋势，问题就在于不能把它们与“西方”的名号绑定在一起，抹杀富强文明的其他可能路径或更好的路径。中国“强起来”，在实践和理论上全面突破广大发展中国家包括发达国家许多人信以为真的思维惯性，确证现代化不等于西方化或者西方附庸化，为人类文明的发展提供了可供学习、借鉴的模式和选择。

“西化”思潮当中的更“高级”版本，是从人的生存样态和社会的制度安排等论域，把人的发展等同于个人主义的自由权利，鼓吹资本主义的民主和法治等制度安排。确实，世界社会主义运动既往实践当中的缺陷弊端，除了人民生活水平得不到应有提高、个人物质利益受忽略乃至被排斥，也有个性自由受到压抑的方面。在我国曲折探索社会主义建设道路并最终开辟出中国特色社会主义道路的过程中，也把两方面问题都纳入考量，不过在“站起来”和“富起来”的过程中，限于历史任务的阶段性侧重，我们在理论上辨明、在实践上改善的重点还是前者，对后一方面的建设还有不足，留有提升空间，在理论上也缺乏成熟自洽的话语。

尤其是当着市场因素在中国的逐步萌发和市场经济体制的根本转轨，人们在物质利益之外，愈发地形成和深化了对个人权利和自由的诉求。所谓市场，本身也就要求设定个人、个人权利（在形式上）的平等自由，并形成相应的权利关系体系，形成社会的制度保障。用马克思主义的观点来看，个人权利先是作为经济权利，它要求以个体权利为本位的经济秩序，资本主义的市场经济也就是建立在特定个体所有权基础上的交易体系，是一种“具有契约形式的（不管这种契约是不是用法律固定下来的）法权关系”，是“一种反映着经济关系的意志关系”[①]。相应的，政治秩序是市场经济秩序在国家或法的层面上的政治表达。所以，从个体性的权利变迁的历史视角来看，所谓改革开放，也内在地包含着对社会的权利结构体系的重新界定，这种权利结构体系的重新界定，就要重新配置个人与社会、自由与责任、权利和义务之间的关系，重新调整社会的经济秩序、政治秩序和伦理道德秩序，以适应现代化的市场、社会和国家秩序的内在要求。

然而在这个层面上，正如有西方学者指出的，“民事权利属于 18 世纪，政治权利属于 19 世纪，社会权利属于 20 世纪”[②]，西方早已完成了三个阶段或者说三个层面的递进和展开，西方资本主义在权利的制度和话语上，建立起了对社会主义的先发优势。因此，中国“强起来”也就担负着相关领域的赶超任务，中国作为今天世界上最大的社会主义国家，把中国方案的内容明确定义为人类追求的更为美好的社会制度，高高举起了社会主义的大旗，以“四个自信”的底气和姿态，宣告历史没有终结，也不可能被终结。中国道路实现市场与社会主义的创造性结合，继而也就塑造了符合市场要求的形式上平等自由的个体，促进了公民的财产权和人身自由、择业自由等民

---

① 马克思，恩格斯．马克思恩格斯全集：第 23 卷．北京：人民出版社，1972：102.

② T. H. 马歇尔．公民身份与社会阶级//郭忠华，刘训练．公民身份与社会阶级．南京：江苏人民出版社，2007：9.

事权利的快速发展，并推进保障公民个人的知情权、表达权、选举权、监督权和参与权等各项政治权利，以及加快社会建设和改善社会治理，主动为公民个人权利生成和成长培育丰沛的社会土壤，释放了社会各个方面的活力和创造性，全方位地开启了中国的体制改革和制度建设的历史进程，主动构建了适应社会主义基本制度框架的现代市场、政治社会和市民社会，这是先诞生在现代西方文明中的个人权利逻辑在当代中国改革和发展道路中的独特表现和现实展开。

(四) 根据马克思主义的意识形态理论，要防范文化保守主义，中国特色社会主义文化需要批判、继承、发展中国传统文化

随着中国逐步“强起来”，随着中华民族伟大复兴日益取得进展，随着我们的文化自信不断增强而“西化”思潮不断显出颓势，我们在意识形态领域也愈来愈需要注意另一方面的倾向，即需要防止对中国“传统”的盲目自大乃至系统的文化保守主义倾向。科学定位“中国”自身，是中国近代以来“古今中西”问题在新时代的呈现，也是中国特色社会主义文化建构过程中的重大课题。在国内，由于对我们过去探索当中的经验教训以及东亚一些国家和地区发展模式的不恰当总结，由于对西方资本主义发展中消极方面的不全面反思，乃至对中国道路

本身成功经验和理论表述的一些片面利用和理解，那种主张“中国传统”本位地位的思潮近些年来有了较大发展，一些人又拾起“复兴国学”或“中学为体”等理论范式，将中国传统文化视为本体，主张将现代西方传统降格为某种“末”或者“用”，包括主张把我们立党立国之本的马克思主义也贬低为“西方”一种普通的思潮。

争议的关键是如何看待中国道路同中国文化、中国传统等因素的关系。中国特色社会主义道路是马克思主义中国化成果，党和人民大众也都赞同其应当吸收中国的文化渊源和传统底蕴，具有中国作风和中国气派。但是，某些观点越出了上述合理界限，认为应当在中国道路中更加凸显“中国”本身的文化和文明特质，乃至于有的论者有意无意地弱化社会主义的特质。这其中，某些文化保守主义思潮特别是某些新儒家论者，甚至干脆提出了所谓“以儒代马”之类的路线图和制度设计方案。即使在某些真诚拥护马克思主义和社会主义的论者那里，竟然也有人主张让中国传统文化因素更加深度地融入中国特色社会主义，主张在指导思想上进行“道统”的汇通，从而形成国家建构与社会治理的马克思主义隐而不见的所谓“中国式”文明方案。

对此，我们必须强调，中国道路的本体和主体仍然是马克思主义，要秉持马克思主义的、社会主义的主导地位，而不能以传统文化、文明型国家等元素取代马克思主义、社会主义。中国道路是在马克思主义的当代化和中国化的进程中开辟出来的，中国道路的继续延伸、拓展和推进，也必须继续马克思主义的中国化、当代化，用不断发展着的马克思主义指导我们的事业。在党和国家的理论和政治语言中，如实事求是、辩证思维、社会民生、平等公正等许多元素，固然可以在中国传统文化中找到类似的母体，但这些思想元素更加切近的渊源，是马克思主义的世界观和方法论，是中国共产党的思想、理论和宗旨的体现。在这一层面而言，中国的文化传统对于中国道路来说，主要是作为“风格”“作风”“气派”等“形式”性的东西被采用①。

马克思和恩格斯在《共产党宣言》当中提出了著名的“两个决裂”的思想，一方面是经济基础领域的决裂，即同传统的所有制关系的决裂，另一方面则是意识形态领域的决裂，即同传统的观念的决裂。马克思这里所指的观念，是那些与旧有的所有制关系和社会经济政治结构紧密联系的、适应于过去各个时代“一部分人对另一部分人的剥削”这一基本事实的思想或文化形态，包括“宗教、道德、哲学、政治和法”等，马克思批判这些传统观念从根本上说是“统治阶级的思想”，马克思主义的这个批判，同样适用于中国传统文化。当然，马克思主义所说的“彻底决裂”，只能采用马克思主义批判的和革命的辩证法，这是一种扬弃，它同时具有继承、肯定和弘扬的方面。

中国道路对于中国传统文化，正是在批判原则下进行继承和拯救，帮助中国传统文化完成现当代转型。中国传统文化要在当今中国发挥时代性作用，就必须实现时代化的转型，而要

① 毛泽东．毛泽东选集：第2卷．北京：人民出版社，1991：534.

实现这种转型也必须在马克思主义的指引下进行。中国道路，作为当代中国改革和社会主义现代化建设道路，既是对中华民族或文明传统的扬弃，又是这一传统在社会主义现代化语境中的继承或传承。在领导、开创和推进中国道路的过程中，中国共产党领导中国推进现代化建设，但它绝不是忽视社会主义原则和中国叙事的纯粹“工业党”；它领导人民增进自身利益和福祉，但它绝不是丧失政治立场属性、无视精神文化家园归属的“民生党”；它投身于中华民族伟大复兴的中国梦，但它绝不是脱离当代中国发展的现代化方向和社会主义方向的“儒家党”。习近平同志在中共中央政治局集体学习当中，将马克思主义视为“看家本领”，并用“老老实实、原原本本”等提法进行表述，这就更加明确地指出了，马克思主义是体，是家，是原本，在马克思主义的基础上，我们学中学西，也化中化西，发展中国特色社会主义，让中国“强起来”，包括在文化领域开创出当代中国的新思想、新文化和新传统。

（五）坚持马克思主义在意识形态领域的指导地位应该把握的若干重大基本原则

在谈论了马克思主义意识形态理论的要点以及马克思主义在我国意识形态领域的指导意义之后，我们要在今后“强起来”的进程中巩固好这种指导地位，还需要采用若干必要的形式，遵循若干重大的基本原则。

第一，这种指导要具有马克思主义的方法论真精神。恩格斯曾经明确地指出，马克思主义的世界观提供的不是现成的教条，而是进一步研究的出发点和供这种研究使用的方法。对此，卢卡奇在《历史与阶级意识》中指出，“正统”的马克思主义并不意味着无批判地接受马克思研究的结果，不是对这个或那个论点的信仰，也不是对某本圣书的注解，恰恰相反，马克思主义问题中的正统仅仅是指方法。在最一般理论立场、最普遍方法论层面，马克思主义的唯物主义基本立场，其辩证思维和实践品质，构成了科学社会主义事业的理论基础。因而，我们就要用马克思主义这种根本的方法来分析中国道路前进中的问题和困惑。回顾马克思主义中国化的历史，我们就会发现，中国引进和坚持马克思主义的指导，首要的也正是抓住马克思主义的方法论层面的指导，看待和处理具体的中国实际问题，而不是说马克思主义提供了解决问题的现成答案。正是这种有的放矢、实事求是的态度，使得中国共产党人在不同历史阶段、面对不同的社会历史任务，总能够与时俱进，灵活掌握和运用马克思主义的方法论指导实践。中国“强起来”的新时代需要时代智慧，这就必须推进马克思主义中国化和 21 世纪科学社会主义，需要马克思主义特别是马克思主义科学方法论的指引。

第二，这种指导要求中国特色社会主义整体制度设计的配套落实。我们所说的时代性当中也需要理论定力，不能让实事求是的智慧变为实用主义的妥协和诡辩。意识形态的上层建筑，不能脱离经济基础而抽象地发挥作用。与不断发展和完善的社会主义市场经济体制这一经济基础相适应的是，中国道路还需要形成系统完备、科学规范、运行有效的各方面的制度体系，其中特别是宪法和法律体系与道德观和价值体系。中国共产党在革命和建设的各个阶段，都以其思想上和组织上的彻底性和有效性展现了领导力和执行力，但在制度建设方面相对滞后。愈是随着经济社会的发展，随着人民对发展的充分性、平衡性要求的提高，愈是需要有良好的制度，用体系化的、规范定型的制度确保和谐中道，确保经济社会和人的协同发展。中国道路的过去、现在和将来，都是把社会主义的制度规定性作为基本前提，都是为了更好、更具体地实现社会主义的原则，在实践当中不断发展和自我完善。在这种制度体系的自我完善的定位下，理论定力才具有现实基础，马克思主义的意识形态指导地位才不会成为理论的自我陶醉。在这个原则的指导之下，相应配套建立起有机配合的制度设施，才能形成原则指导制度、制度保障原则的良性互动反馈机制。

第三，要把理论形态的意识形态具象化为理想信念，特别是内化为广大人民群众的精神自觉追求。中国人民向来具有崇高的理想信念，并把这种理想信念内化为不懈的精神追求。例如我们都熟悉的鲁迅先生，他的一生一方面致力于“破”，批判中国封建文化特别是其中的“吃人”礼教，批判“伪道学”，批判“发扬国光”的保守倒退思潮，但同时他也致力于“立”，歌颂战士，歌颂前驱，歌颂“我们自古以来，就有埋头苦干的人，有拼命硬干的人，有为民请命的人，有舍身求法的人……虽是等于为帝王将相作家谱的所谓‘正史’，也往往掩不住他们的光耀，这就是中国的脊梁”[①]。这种信念和追求的作用机制也为近代以来中国人民可歌可泣的救亡图存事业所延续、所发扬。正如毛泽东所评说的：“我们中华民族有同自己的敌人血战到底的气概，有在自力更生的基础上光复旧物的决心，有自立于世界民族之林的能力。”[②] 中国共产党领导中国人民从“站起来”“富起来”到“强起来”的进程，离不开把“主义”科学理论具象化为“满腹苦水、一腔冤仇”的叙事，把历史必然性具象化为“砍头不要紧”的豪迈气概，为精神脊梁注入科学理论的精髓。在新时代，在充足的精神之“钙”滋养下，一种立足发展、志存高远、振奋豪迈的精神境界，也就可以注入全面深化改革的开拓之中，成为中国共产党领导当代中国开辟、坚持和推进中国特色社会主义道路的永不停步的有效机制。

第四，马克思主义的意识形态指导要求科学分析，进行兼收并蓄和推陈出新。马克思主义是站在世界历史视野高度的科学理论，而在世界历史的中国局部当中，就要在兼收并蓄古今传统和中西传统的基础上，推陈出新开辟出中国道路，为中国的现代化和民族复兴事业实现提供出路。正如邓小平所指出的，“社会主义要赢得与资本主义相比较的优势，就必须大胆吸收和借鉴人类社会创造的一切文明成果”[③]。中国特色社会主义道路正是马克思主义在同中国文化传统、现代西方传统碰

---

① 鲁迅．且介亭杂文．北京：人民文学出版社，1973：94.

② 毛泽东．毛泽东选集：第1卷．北京：人民出版社，1991：161.

③ 邓小平．邓小平文选：第3卷．北京：人民出版社，1993：373.

撞交汇中形成和发展起来的。正如中国的“站起来”“富起来”过程需要马克思主义中国化的飞跃和突破一样，在当代“强起来”过程中，我们必须在马克思主义的指导下进行批判继承、推陈出新。没有对现代西方传统（尤其是资本主义的现代性症候或问题）的最为革命的剖析、批判和扬弃，就没有社会主义中国对于市场、民主和法治等现代性建制的真正健全的继承和弘扬。同样，没有对中华民族或文明传统的批判、否定和扬弃，就没有中国传统文化在当代中国真实的、具有生命力的延续或承续。

六、“强起来”需要正确面对现代性：离不开马克思主义现代性批判理论的指导

当今中国站到了实现“强起来”的新的历史起点上，迎来了从“富起来”到“强起来”的伟大飞跃。那么，什么叫“强起来”？如何才能“强起来”？

尽管经历了无数艰难曲折，中国自近代以来就走上了力求实现现代化的征途。中国从“站起来”到“富起来”，再到“强起来”的过程，实际上是中国在现代化的道路上不断前进、现代性在中国大地上不断实现的过程。所以，研究什么叫“强起来”，以及如何才能“强起来”，就是要研究我们今天究竟如何正确地对待“现代性”中国才能“强起来”。也就是说，研究什么叫“强起来”以及如何才能“强起来”，必须借助于现代性理论的视角。中国特色社会主义道路的根本问题是如何面对现代

性，中国“强起来”的根本问题也正是如何面对现代性。

当今世界存在着形形色色的现代性理论，马克思主义的现代性批判理论具有特殊的地位。马克思主义在历史唯物主义的思想视域中以“资本”为本质范畴所展开的现代性批判，重建了现代性批判的规范基础，至今还闪耀着真理的光芒。世界上没有一种现代性理论可以与马克思主义的现代性批判理论相提并论，马克思主义的现代性批判理论的当代意义是任何一种现代性理论所不能替代的。马克思主义的现代性批判理论中包含着对现代性的诊断、批判和超越的理论框架和思维模式。尽管马克思很少使用现代性这一概念，但他通过对现代社会的深入探究，深刻地论述了具有实质内容和鲜明特征的现代性理论。我们说要借助于现代性理论的视角来研究中国“强起来”，主要借助的是马克思主义现代性批判理论的视角。马克思主义对当今中国的现实意义，特别是对中国“强起来”的现实意义，很大程度上就体现于马克思主义的现代性批判理论对中国“强起来”的指导作用。

（一）按照马克思主义的现代性批判理论，现代性应当是整体的，中国不能只是停留于“片面的现代性”，只有全面地实现现代性，才能真正“强起来”

我们习惯于把马克思对现代性的相关研究说成是“现代性

批判理论”，这容易造成一种误解，似乎马克思只注重对现代性的批判。其实不然。马克思对现代性的首要态度是赞颂，马克思对发端于欧洲近代的现代性首先是持肯定态度的，肯定其对人类文明的推进作用。马克思对现代性的赞颂与对人类现代文明的赞颂是一致的。一些后现代主义者把马克思说成是与他们一样的现代性的全盘否定者、批判者，是别有用心的。一讲起马克思对现代性、现代文明的赞颂，人们马上就会想起《共产党宣言》。确实，马克思和恩格斯的《共产党宣言》可以说是马克思主义现代性批判理论的纲领性文献，在这一著作的一开头，马克思和恩格斯就带领我们走进了对现代社会的理解，肯定了资本现代性的辉煌，为我们确立了一个鲜明的现代性形象。马克思和恩格斯这样说道：“它迫使一切民族——如果它们不想灭亡的话——采用资产阶级的生产方式；它迫使它们在自己那里推行所谓的文明，即变成资产者。一句话，它按照自己的面貌为自己创造出一个世界。”① 这个世界就是资本全面统治的世界，也就是“现代社会”或“现代历史”②。马克思和恩格斯概括了现代性的确立过程。必须指出的是，在马克思和恩格斯看来，这种对人类社会起着巨大解放作用的现代性的确立，具有历史必然性。正因为现代性的这种正面效应是必然的，所以按照马克思的观点，尽管现代性产生了如此大的消极

① 马克思，恩格斯．马克思恩格斯文集：第2卷．北京：人民出版社，2009：35-36.

② 罗骞．论马克思的现代性批判及其当代意义．上海：上海人民出版社，2007：93.

影响，但落后的发展中国家仍应积极地进入现代化的进程以发展自身。

在指出马克思对现代性的首要态度是肯定这一点以后，必须进一步强调，马克思肯定的是整体的现代性，而不是片面的现代性。马克思把现代社会历史视为一个不断总体化的过程，并认为现代性具有总体性特征。“现代”“现代性”在马克思那里是一个形态学概念，“马克思以生产方式概念为基础，在历史的形态变迁中确定了现代的位置，将现代看成是一个总体性的‘世界历史时代’。从历时性的纵向来看，它等义于‘现代历史’，从共时性的横向来看，它等义于‘现代社会’。它既同人类历史的总体联系起来，本身又构成一个具体的总体”[①]。资本是现代性的本质范畴，马克思时常以资本来命名现代性。而资本在马克思那里，实际上并不单纯是一个狭义的经济学概念，马克思认为资本的内在原则贯穿于现代经济、政治、文化和人们的心理结构之中，资本显然具有整体性的特征，而资本的那种整体性的特征也正标识了现代性的整体性特征。由此可见，马克思的现代性理论是一种总体性的现代性理论，它绝不只涉及现代性的政治、经济或文化的某一方面，而是涉及整个社会。

正因为现代性在马克思那里是个总体性概念，所以马克思所期望的现代性的实现应当是整体性的实现，即不是社会的某一领域实现现代性，而是社会的各个领域实现现代性，社会在

---

① 罗骞．论马克思的现代性批判及其当代意义．上海：上海人民出版社，2007：197.

整体上实现现代性。马克思对资本主义社会的现代性加以批判，一个重要原因就是资本主义社会的现代性是片面的现代性，只是在社会的某一个领域，即经济的领域实现现代性。批判资本主义社会的现代性的片面、畸形的发展，是马克思批判资本主义社会的一个主要视角。如果把资本主义社会的现代性视为“一元现代性”，即只是在经济领域实现现代性，那么马克思批评的正是这种“一元现代性”。马克思要求的是“多元现代性”，即在经济发展、政治建设、文化创新、社会进步以及人的现代转型等方面全面地赋予现代性的价值。

新中国自成立以后就在“站起来”的基础上走上了“富起来”的道路，特别是在实施改革开放以后，中国更是走上了“富起来”的快车道。改革开放的总设计师邓小平一句“贫穷不是社会主义”，唤醒了全中国人民。经过40年的不懈努力，虽然当前全球经济发展的深层次矛盾不断显现、国际环境不稳定因素日益增多，但是中国经济却一直在稳步增长，中国成为世界第二大经济体，对世界经济增长贡献率超过30%。中国已经“富起来”了，这是不容否认的事实。但是，用马克思主义的现代性批判理论加以对照，不难看出，这种“富起来”主要是现代性在经济领域的实现。与“富起来”相对应的现代性是“片面的现代性”。当然，在特定的历史条件下，中国选择首先在经济领域实现现代性，有其历史的必然性。但是，今天中国站在新的历史起点上，必须实现“全面的现代性”。不全面地实现现代性，中国“强起来”是不可能的。如果说中国的“富起来”是与“片面的现代性”联系在一起的，那么中国的

"强起来"就应当与"全面的现代性"联系在一起。在中国,"强起来"是"富起来"的升级版,与此相应,"全面的现代性"也是"片面的现代性"的升级版。"富起来"的中国往哪里去?党的十九大提出了"两个阶段"的发展战略。这"两步走"的发展战略,全面、生动地描述了中国如何从"片面现代性"走向"全面现代性"。

按照马克思主义的现代性批判理论对现代性的整体性要求,中国必须全面提升物质文明、政治文明、精神文明、社会文明、生态文明,实现国家治理体系和治理能力现代化,全面建成富强、民主、文明、和谐、美丽的社会主义强国。如果说"站起来"主要着眼于取得民族独立和人民解放的政治层面,即着眼于为中国实现现代性创造政治基础,"富起来"主要着眼于解放生产力和提高人民物质生活水平的经济层面,即着眼于在经济领域首先实现现代性,那么,"强起来"则着眼于实现"两个一百年"奋斗目标和中华民族伟大复兴中国梦,即着眼于在中国这块古老的大地上全面地实现现代性。就经济发展而言,根据全面现代性的要求,"强起来"体现在发展更重质量的经济,致力于经济结构和发展动力的重大转变,使技术要素和创新要素逐步成为经济发展的第一动力。当然,根据全面现代性的要求,中国要"强起来",在经济领域之外的其他领域都必须与现代性相符。如民主的改善和社会福利的提升、文化事业的发展和文化自信的增加、美丽中国建设成绩斐然等等。"片面的现代性"带给中国的只是"富强"这一现代性元素,而"全面的现代性"则使中国具有"富强""民主""文明”“和谐”“美丽”五个现代性元素。从“片面的现代性”向“全面的现代性”的发展，就是从“大国”向“强国”的提升，其中根本的是从数量向质量的提升，从硬实力向软实力的提升。

（二）根据马克思主义的现代性批判理论，现代性展开的过程会产生强烈的负面效应，中国必须正视这些负面效应，只有将其克服掉，才能真正“强起来”

马克思对现代性持辩证的态度，在肯定现代性的正面效应的同时，又对现代性的负面作用持批判态度。面对现代性，马克思鲜明地坚持了辩证的态度，即既与保守的浪漫主义的那种怀旧、全盘否定现代性相对立，又与自由主义那种现代化的自鸣得意、全盘肯定现代性相对立。正是在辩证的思维中，马克思深刻地揭示了现代性的分裂与矛盾。在他看来，对现代性的进步的肯定与对现代性异化本质的批判是由现代性本身的辩证特征所决定的。现代性就是一个矛盾的综合体，对立、冲突、分离、悖论是现代性的基本特征。他还指出，由于现代性的自由、平等的价值取向受制于现代社会的物质条件，现代的解放只是政治意义上的抽象解放，现代性的价值理念和现代社会制度之间存在着矛盾。作为政治解放的现代解放使人们过着分裂的双重生活。马克思又通过政治经济学批判，洞见了现代性矛盾的经济学基础，并把这一基础看成现代性的基本框架。这样，马克思一方面颂扬了现代社会巨大的经济成就和文化成就；另一方面又尖锐地揭示了异化的现代性境遇，揭示了现代性内部的分裂与矛盾。马克思强调，现代的危机与动荡，正是产生于现代性的分裂与矛盾，产生于现代性自身的悖论[①]。必须指出的是，马克思批判现代性的理论基础是“现代社会经济规律”的揭示，而不是出于“应然”立场的道德评判。

资本是现代性的本质范畴，马克思对现代性负面作用的批判，也就是对资本负面作用的批判，马克思认为现代性本身包含着对立、冲突、分离、悖论，也就是认为资本本身包含着对立、冲突、分离、悖论。“在马克思那里，现代性的这种矛盾性，现代性的这种‘好的方面’和‘坏的方面’，都同现代的资本原则相关，是现代社会异化的现象学呈现，并不是我们能够保存或剔除的。如果资本还是历史的基本建制，资本主义生产方式还是现代性的存在论基础，现代性的矛盾将被保存着，它由资本的本性所决定。”[②] 马克思曾明确地指出：“在资本的简单概念中已经潜在地包含着以后才暴露出来的那些矛盾。”[③]确实，矛盾性包含在资本的概念中。我们不可能在资本的统治

---

① 罗骞．论马克思的现代性批判及其当代意义．上海：上海人民出版社，2007：180，181.

② 同①182.

③ 马克思，恩格斯．马克思恩格斯全集：第30卷．北京：人民出版社，1995：395.

中，只要资本的“好的方面”，而不要资本的“坏的方面”。当然，我们也不可能在追求现代性的过程中，只要现代性“好的方面”，而不要现代性“坏的方面”。

这里的关键在于，资本本身就体现了一种生产关系，而不是一种“自在之物”。对于这一点，马克思在论述资本时讲得非常清楚。马克思说：“资本不是物，而是一定的、社会的、属于一定历史社会形态的生产关系，后者体现在一个物上，并赋予这个物以独特的社会性质。资本不是物质的和生产出来的生产资料的总和。”① 马克思明明白白地告诉人们，资本是现代存在物的存在形式和存在规定，资本的运行原则就是现代社会的构成原则。而资本成为存在的普遍抽象形式，不仅是指物作为社会的物的抽象形式，而且是指人作为社会的人的普遍抽象形式，甚至资本家的雇佣工人也不过是资本的人格化。只要消除了资本“中立”的假象，就能从根本上认清资本的本质是什么，也才能把资本带来的负面影响与资本的本质联系在一起。正因为资本在展现过程中有着负面作用，而且这种负面作用是必然的，所以我们不能忽视而必须正视资本的这种负面作用。我们感受到资本的“恩泽”之时，也应体会到资本所带来的种种不幸。资本具有两大基本原则，一是竞争原则，二是增殖原则，这两大原则所造成的不良后果是实实在在地存在着的。资本的运营和扩张大大促进了生产力，导致了财富的大规模的积累和社会的进步，但无论在动力上还是在运行机制上都

---

① 马克思，恩格斯．马克思恩格斯全集：第46卷．北京：人民出版社，2003：922.

是一个不讲道德的过程。由于资本的本质是赢利，是贪婪的恐惧的化身，所以资本的不断扩张过程，也是一个侵犯他人权益的过程，是一个导致各种社会矛盾的过程①。

实际上，中国在利用资本追求现代性的过程中，由资本、现代性本性所决定的那些负面效应在中国也日益显露。在致力于“富起来”的日子里，这些负面效应可能还不那么明显，可能时常被人们所忽视。但是，当中国人民在“富起来”的基础上想要“强起来”之时，这些负面效应就变得突出，就成了必须正视的问题。人们的目标是一个系统，不是单一的，而是由各种目标组合在一起的。在特定的历史时期，人们往往突出某一目标而忽视其他目标，从而往往为了实现某一特定的目标而不惜采取一些损害其他目标的手段。为了“富起来”这一目标，我们必须充分利用资本，对利用资本可能带来的有损于其他目标的实现这一点，暂时不加以过多考虑。现在在我们的目标系统中，“强起来”成了主要目标，那么对资本所带来的负面效应就非但不能忽视，反而应着重关注并加以切实克服。

面对这些负面效应，我们千万不能做以下两种选择：

第一种选择：因为现代性给我们带来了磨难，使我们失去了诸多美好的东西，所以憧憬起前现代性的生活来，竟然产生了干脆放弃对现代性的追求，使中国成为一块置身于世界之外的“非现代化的圣地”的想法。有些人开始主张中国停止始于20 世纪 70 年代末的西方化、现代化的历程。在有些人看来，

① 陈学明．中国正道．北京：人民出版社，2015：213，212.

既然现代化的弊端已暴露无遗，那么我们为什么不马上悬崖勒马呢？

第二种选择：现代性是人类的必由之路，西方人走过的道路我们中国人也得跟着走。现代性的正面效应与负面作用都不可避免。我们只能置现代化所带来的种种负面效应于不顾，继续沿着原先的路走下去，让中国这块古老的大地彻底经历一次西方式的现代性“洗礼”。只有等到中国的现代化过程基本完成了才有可能解决这些负面问题，倘若现在就着手去解决，只能干扰中国的现代化建设。

实际上，以上两种选择都是“死路”。前者要中国走回头路，后者则迟早会葬送中国[①]。

中国人民为了“强起来”，必须做出第三种选择，这就是正视、克服它们。

所谓“负面效应”，主要包括三个方面：第一，两极分化越来越严重。当今中国财源滚滚，却只流到了一小部分人的口袋里。20%的人占有了80%以上的财富。当一部分人依靠现代性、资本“暴富”的同时，另一部分人被迅速地推向社会的底层。第二，自然环境越来越恶劣。伴随GDP增长的是生态危机的加剧。中国这些年自然环境遭到的破坏之严重令人难以想象。中国的工业化、现代化推进到哪里，自然环境的破坏就扩展到哪里。第三，人越来越成为“单向度”的消费机器。有些人把“消费主义”作为自己的生活准则，一心追求物质利益

① 陈学明．中国正道．北京：人民出版社，2015：181-182.

的最大化。无疑，这三个方面的负面效应的逐步消除有赖于马克思主义的指引。马克思主义仍然是当今中国人民认识和解决这些难题、矛盾的主要思想武器。

（三）根据马克思主义的现代性批判理论，现代性是可以也应当超越的，中国必须在实现现代性的同时超越现代性，通过超越现代性来使自己真正“强起来”

对马克思来说，谈及现代，就必须联系“资本主义生产方式”来加以理解，现代社会就是资产阶级社会，现代文明就是资本主义文明。资本主义生产方式决定了“现代”在人类历史演变中的位置和历史意义。资本主义生产方式具有历史性，现代社会、现代文明也具有历史性，它们在一定历史条件下形成，也在一定的历史条件下消失。现代社会、现代文明被新的社会、新的文明所取代是必然的。所谓现代性是现代的内在规定及基本特征。现代性的历史性又是与现代社会的历史性相一致的。马克思把“流动性”视为现代性的一个基本特征[①]。现代性在马克思那里确实是一个历史时间概念，用它来表达历史

① 罗骞．论马克思的现代性批判及其当代意义．上海：上海人民出版社，2007：173－179.

现时性中对于现时的理解。在流动的、历史的现代性中，存在变成了一种当下的“切面”，变成了一种瞬间的现身，变成了不断的自我批判和自我扬弃，变成了“运动”本身，即马克思所说的“一切新形成的关系等不到固定下来就陈旧了”①。

马克思强调现代性的流动性、历史性，根本目的是指引人们超越它。马克思对现代性的基本态度，一是实现它，二是批判它，三是超越它。在某种意义上说，不仅批判现代性是为了超越现代性，而且实现现代性也是为了超越现代性。现代性是与启蒙联系在一起的，实际上马克思早在 1845 年前后，也就是在其青年时期，就开始考虑超越现代性的问题。马克思原先是个启蒙现代性的崇拜者，后来他发现，启蒙现代性在引导人们脱离对“神圣形象”膜拜的同时，又使人们陷入对“非神圣形象”的膜拜，即对商品、货币和资本的膜拜。对“神圣形象”的膜拜意味着人还没有获得自己，而对商品、货币和资本的膜拜，则标志着人再次丧失了自己。马克思得出结论，在“非神圣形象”的统治下，现代性的每一个胜利都是资产阶级的胜利，而无产阶级和广大劳动人民则再度失落了。这样，马克思就从一个启蒙现代性的追求者变成了启蒙现代性的批判者。作为现代性最大追求者的马克思，开始具有十分清醒的自觉意识：把超越现代性作为人类的最为根本和彻底的任务。以后，马克思就在“政治经济学批判”的视野中，进一步展开了对这一最为根本和彻底的任务的论述。当然，马克思认为，超

① 马克思，恩格斯．马克思恩格斯选集：第 1 卷．北京：人民出版社，1995：275.

对商品、货币和资本的膜拜
则标志着人再次丧失了自己

越现代性的道路不得不经过和扬弃现代性[1]。马克思为人类所描绘的共产主义社会，既不是旧有观念中的“大同”社会和宗教的天堂，也不是现代性个人主义的极端表现，更不是要以更加充分而且更加深刻的现代性来医治现代性的创伤，而是对现代性的超越[2]。

马克思的现代性概念就是资本现代性概念，所以马克思认为人类最终要超越现代性，也就是把超越资本作为人类的目标。马克思的现代性批判实质上就是要以实践的方式消除资本的现实前提和存在基础，亦即超越资本。在马克思看来，只要资本还是基本的存在规定和存在形式，那么无论以何种话语形式来批判现代性，以何种话语来宣布现代性的终结，人们实际上并不因此而真正地超越了现代性的历史境遇，充其量只是“话语”上的自我翻新而已。资本的流动性是不言而喻的，资本总是按照自己的趋势，导致一切固定关系的解体和静止形象的消除，总要破坏着一切并使之发生变革。资本没有界限，资本破坏一切界限，不仅是在广延的空间上，而且是在生命的时间方面。现代性的流动性正是由资本的流动性所决定的。资本的流动性和现代性的流动性是同一过程的两个方面。现代性的流动与现代性的坚硬，都只是资本的面相。由此说来，现代性的超越完全取决于资本的超越。而在马克思看来，资本是完全可以超越的。马克思说，资本不可遏止地追求的普遍性，将使资本遭遇本身的限制。“这些限制在资本发展

---

① 白刚，等．“超现代性”的现代性——马克思的现代性追求．理论与探索，2015 (5)：23-24.

② 罗骞．论马克思的现代性批判及其当代意义．上海：上海人民出版社，2007：201.

到一定阶段时，会使人们认识到资本本身就是这种趋势的最大限制，因而驱使人们利用资本本身来消灭资本。"① 在马克思看来，超越资本的必然性和必要性都来自资本本身。马克思激烈地批评了资本没有替代物的呐喊。

资本在一定时期有其存在的合理性，但在马克思看来，这种合理性并不意味着资本的存在是永恒的、不可超越的，也就是说，不能从资本在一定时期存在的合理性中推论出它的存在的永恒性。按照马克思的论述，资本即使在当今具有合理性，并不意味着它永远具有合理性，也就是说，并不意味着它永远是不可超越的。确实，这种把资本存在的合理性加以永恒化、绝对化的立场与马克思主义风马牛不相及。正因为马克思对资本最终会被超越充满了信心，所在他在《资本论》第一卷的结尾坚定地向人类宣告：资本的垄断成了与这种垄断一起并在这种垄断之下繁盛起来的生产力式的桎梏。生产资料的集中和劳动的社会化，达到了同它们的资本主义外壳不能相容的地步。这个外壳就要炸毁了。资本主义私有制的丧钟就要响了。剥夺者就要被剥夺了。坚持改革开放路线的中国人也应当有着与马克思同样的信念，不可因为资本在当今中国存在的合理性就动摇超越资本的信念。I. 梅扎罗斯的《超越资本》一书在当今的历史条件下论证了人类超越资本的必要性和可能性，并在此基础上批判了对资本主义"别无选择"的观点，提出了人类做出另一种选择，即建立社会主义社会是完全可能的②。

---

① 马克思，恩格斯．马克思恩格斯全集：第 30 卷．北京：人民出版社，1995：390－391.

② 陈学明．中国正道．北京：人民出版社，2015：214，215.

如果说我们在致力于“富起来”之时关注的重点是如何实现现代性、如何利用资本，那么，在致力于“强起来”之时就应当较多地关注超越现代性、超越资本。中国的真正“强起来”必然不是完全建立在实现现代性、利用资本上，而是必然与超越现代性、超越资本联系在一起。按照“强起来”的内涵，其基本要求远远超出了现代性的范围，仅仅停留于现代性上，是无法实现“强起来”的。立志使中国“强起来”的中国人民，必须思考如何从现代性中超拔出来。只有当超越现代性全面展开之际，中国才真正称得上“强起来”了。实际上，已经基本实现了“富起来”的当下中国，完全有条件超越现代性，进行新的现代性建构。首先，中国近代以来对实现现代性的探索，本来就具有“另类现代性”的特性。中国人民本来就是一方面抱有学习西方现代性的心理依赖和无意识选择，另一方面又对西方的现代性保持高度警惕。这种复杂矛盾的心态曾被人描述为“反现代性的现代性理论”。可以说，中国人本来就具有超越现代性、追求“另类现代性”的“文化基因”。其次，中国是在社会主义的旗帜下致力于现代化的建设的，当代中国的现代性方案必然被置于科学社会主义的框架内，马克思主义的价值导向决定了中国对现代性的一般逻辑及其内在弊端保持高度的警惕与拒绝姿态，决定了中国存在着对现代性的一种可能性超越①。

纵观中国特色社会主义道路的开启和推进过程，我们看到

---

① 张明．西方现代性困境与中国道路的理论前景．毛泽东邓小平理论研究，2016（2）：76.

这不仅是一个实现现代性的过程，而且也是一个超越现代性的过程。中国特色社会主义理论本质上是对当代中国既实现现代性又超越现代性的一种理论规划。有人提出中国实际上正在追求一种与传统现代性不一样的“新现代性”，这是用另一种表述来说明中国正在超越现代性。党的十九大明确提出中国进入了致力于实现“强起来”的新时代，与此相应，党的十九大所制定的一系列发展战略和方针也包含着超越现代性的因素。党的十九大认定“我国社会主要矛盾已经转化为人民日益增长的美好生活需要和不平衡不充分的发展之间的矛盾”，把实现人民群众对美好生活的追求作为奋斗目标，这一奋斗目标显然是超现代性的，突破了现代性的物质主义、消费主义，已接近于马克思对人的自由而全面发展的要求；党的十九大明确中国特色社会主义事业总体布局是“五位一体”、战略布局是“四个全面”，强调物质文明、政治文明、精神文明、社会文明、生态文明全面提升，其中许多内容，都是超现代性的；党的十九大强调要坚持新发展理念，必须坚定不移地贯彻创新、协调、绿色、开放、共享的发展理念，努力实现更高质量、更有效率、更加公平、更可持续的发展，这种新发展理念实现了对旧的现代性发展理念的突围与超越；党的十九大提出我们要建设的现代化是人与自然和谐共生的现代化，要形成节约资源和保护环境的空间格局、产业结构、生产方式、生活方式，还自然以宁静、和谐、美丽，这种判断和要求绝不是局限于现代性的思维所能提出来的；党的十九大表达了推动构建人类命运共同体的坚强决心，提出始终不渝走和平发展道路、奉行互利共赢的开放战略，坚持正确义利观，树立共同、综合、合作、可持续的新安全观，谋求开放创新、包容互惠的发展前景，这种世界历史的眼光和以天下为怀的胸襟，绝不是崇尚个人本位的现代性世界观。

（四）按照马克思主义的现代性批判理论，现代性必然卷入各种复杂的关系之中，中国必须根据复杂现代性的现实，正确驾驭各种矛盾，使自己“强起来”

马克思现代性批判理论视野中的现代性是个复杂的概念。他看到了现代性必然卷入各种复杂的关系与矛盾之中，所以他在论述现代性的实现与超越之时，强调这是一个复杂的过程。马克思对现代性的反思和批判，体现了对西方启蒙运动以来现代理性精神的深刻反省和对复杂现代性内在矛盾的揭示。国内一些学者根据马克思以及其他一些研究现代性理论的学者的相关观点，更基于对当今中国现代性构建的现状的考察，提出了“复杂现代性”的术语①。围绕着现代性，国外学界提出了一系列的术语，如“未完成的现代性”（哈贝马斯）、“反思现代性”（吉登斯）、“多元现代性”（艾森斯塔特）、“第二现代性”（贝尔）等，所有这些术语都包含着对现代性的复杂性的认知。如前所述，马克思对现代性的研究有着方法论上的总体性的特征，这就是把现代社会视为一个复杂的系统，并不认为它是由

① 汪行福．复杂现代性与思想解放．学术界，2015（10）：26－27.

单一原则所支配的，在他那里，现代性同样也是一个具有复杂性的概念。现代社会是个“复合社会”，这决定了现代性也是个由各种因素形成的“复合体”。现代性理念并不存在于真空中，作为一种规范的理念和计划，它以复杂的生存环境为基础。这就是说，现代性的复杂性是长期以来社会中各种矛盾与冲突所带来的复杂结果和经验。在现代性这个“复合体”中，“既包含着社会条件的变化，也包含着社会理念的变化，它们之间相互作用使现代性本身成为一个复杂的事物”[①]。与复杂性相对应的是单纯性，现代性明显与单纯性无缘。有学者这样提出：“强调‘现代性’在空间、时间和内在结构上的特殊性、多样性和实现过程的阶段性和不确定性（包括试错），是‘复杂现代性’概念对现代性在经历与不同文化相结合的历史演变和当代呈现的一种把握。”他们还提出，复杂现代性所包含的复杂性包含着“三个维度”：“其一是指，在现代性诸多规范的协调性和内在结构的自洽性方面呈现的复杂性；其二是指，现代性实现条件和实现方式的复杂性；其三是指，现代性所呈现出来的一种发展性，即在其实现过程中它的规范、内在结构所呈现出来的生成性和所具有的开放性。”[②]

实际上，也不要把现代性的复杂性解释得太复杂。在马克思那里，现代性的复杂性主要表现在两个方面：其一，现代性的起源是相同的，但其过程并不是统一的。一方面，人类历史

① 汪行福．复杂现代性与思想解放．学术界，2015（10）：27.

② 冯平，等．“复杂现代性”框架下的核心价值建构．中国社会科学，2013（7）：29.

在从传统向现代社会转型的过程中，表现出现代性的普遍性，即都朝向现代性的目标向前发展；而另一方面，不同时代的民族国家在其现代化具体演进中，在现代性具体展现中，又显示出多样性与差异性。马克思论述现代性时总是渗透着对世界性与民族性的双重审视。在历史唯物主义视野中的现代性的构架体现着普遍性与特殊性的统一。从马克思对现代性的论述中可以清楚地看到，现代性本质上是一元的，而现代性本质之表现形式可以是多样的。现代性包含着“物质内容”和“社会形式”两个方面。从“物质内容”来看，现代性主要是指，生产力获得史无前例的解放和发展，引发社会生活各个方面的深刻变革和显著进步；而“社会形式”则是指实现这些内容的方式。显然，现代性的特定社会形式具有特殊性，可以多种多样；而现代性的物质内容却具有普遍性。有学者指出：“对于现代性的物质内容与社会形式之间的矛盾关系，马克思曾以劳资对抗关系为中心做过具体而深刻的阐释。”① 其二，现代性总是与前现代性、后现代性交织在一起。从传统社会中孕育现代社会不是一蹴而就的，并不是突然间现代社会就取代了传统社会。随着现代性因素的不断增加、前现代性因素的日益减少，现代社会才得以确立。判断一个社会是不是成了现代社会，主要是看这个社会中现代性因素是不是占了主导地位，而不是看这个社会是不是清一色的现代性因素。这样，即使在一个现代社会中有一系列的前现代因素，也属正常。马克思在许

① 郗戈．马克思资本主义批判与现代性的“内在超越”问题．高校理论战线，2012（5）：17.

多场合曾详尽地分析过存在于现代社会中的前现代的东西如何顽强地起着作用。而在进行现代性建构的过程中，一些超越现代性的后现代的东西也会不可避免地出现，后现代性因素与现代性因素往往同时出现。在消解前现代因素的过程中，人们所期望的现代性因素没有出现，而后现代的东西却呈现于眼前。这样，在一个现代社会中，又必然包含前后现代的因素。

中国从“富起来”走向“强起来”的过程一定是一个正确地面对和处置现代性的复杂性的过程。如果说在实现“富起来”的过程中，面对和处置现代性的复杂性的问题还不十分突出，那么要实现“强起来”，如何正确地面对和处置现代性的复杂性则变得异常急切。要实现“强起来”首先应做的事情就是科学判断当今中国的现代性所处的历史方位，也就是在深刻认识现代性的复杂性的基础上，知道自己是如何卷入现代性的复杂的矛盾与关系之中，从而制定出切实可行的处置这种复杂性、实现并超越现代性的政策措施。具体地说，要继续探索与一般现代化道路有别的中国式现代化道路。既然现代性的复杂性就在于尽管现代性的目标起源和物质内容相同，但实现现代性的方式往往具有多样性和差异性，那么，我们就要致力于创建中国模式的现代化道路。中国的“富起来”有赖于这种中国模式的现代化道路，而中国的“强起来”则完全取决于能否沿着中国模式的现代化道路走顺、走通。我们既要批判借鉴西方的现代性的经验教训，也要立足于中国国情；既要体现现代性的一般本质，也要考虑中国的特殊实际；既要遵循人类社会历史发展规律和我国社会历史发展规律，也要符合人性发展的价值诉求；既要克服现代性的消极弊端，也要释放出现代性中的积极精神；既要力求克服我国现代性进程中出现的问题，也要确定中国现代性建构的目标走向①。另外，既然现代性的复杂性还表现为现代性总是与前现代性、后现代性交织在一起，那么中国要“强起来”就必须正视前现代性、现代性与后现代性之间的纠结，牢牢掌握驾驭现代性的主动权。随着中国的逐步“强起来”，三者之间的纠结会越发严重，中国正是在面对而不是回避这种纠结中实现“强起来”。当我们认识到应当并致力于超越现代性时，我们千万不能忽视我们的社会实际上还存在着许多前现代的东西，现代性在中国还没有完全确立，从而应当继续关注如何用现代性来消除前现代性。当我们把注意力停留于如何消除传统因素、确立现代性之时，我们又千万不能忘记从总体上来说我们应当把如何超越现代性提上议事日程。

我们在前面反复强调，现代性内含于资本的逻辑之中。当今中国实现“强起来”的当务之急是正确面对和处置现代性的复杂性，这说到底是正确面对和处置资本逻辑的复杂性。为了“强起来”必须超越资本，但资本在当今中国还有着不可替代的作用。“强起来”是建立在“富起来”的基础上的，“强起来”不是对“富起来”的否定，而是对“富起来”的升华，从而我们为了维护“富”这一基础，还得充分发挥资本的功能。这样，我们就陷入了超越资本、限制资本与利用资本、发展资本的复杂性之中。目前中国人面对资本的复杂性就在于，我们

① 韩庆祥．现代性的本质：矛盾及其时空分析．中国社会科学，2016（2）：13.

既要考虑如何充分地利用资本，让资本最大限度地发挥其正面效应，又要思考如何不像资本主义国家的资本家那样去利用资本，而是在利用资本的同时又超越资本，在利用资本与超越资本之间保持一种合理的张力。所以在当今中国，如何承认资本、利用资本、限制资本、超越资本并反思资本，成了求解中国如何“强起来”的关键。随着马克思主义中国化的深入展开，特别是随着马克思主义的现代性批判理论结合中国现代化实际的创造性运用，中国正在通过“驾驭资本”的实践，破解如何使中国“强起来”的难题。

七、“强起来”需要大国外交：离不开马克思主义世界历史理论的指导

中华民族创造了悠久灿烂的文明，为人类社会的发展做出了巨大贡献。只是到了近代，中华文明才被新兴的资本主义工业文明超越，中国成为列强们蚕食鲸吞的对象，迅速衰落了。在中国共产党的领导下，中国经历了从“站起来”到“富起来”的历程，今天的中国正在走向世界舞台的中央，正在将中华民族的伟大复兴变成现实。中国“强起来”将对整个世界历史进程产生巨大影响。“强起来”的中国将奉行一种什么样的外交理念和外交政策？是坚持扩大开放还是像美国的特朗普政府一样回到贸易保护主义？是坚持用独立自主的原则处理国际关系，还是向外输出自己的社会制度和文化？是继续坚持和平共处原则，还是因为国力的增强而演变成一种强权政治？是坚持促进共同发展，还是唯我独大，追求成为世界的领导者和主

宰者？不论何种选项，强大起来的中国外交都会影响人类未来的发展。因为中国“强起来”，意味着一种超大文明的复兴，它的世界历史影响将是重大而深远的。中华民族的伟大复兴本质上是一个世界性的历史事件，它已经震撼并将继续震撼世界。这一事件的世界意义和历史影响已经被世界强烈地感知到了。中国寻求“强起来”不是要再度成为一个中央帝国，也不是要像现代列强一样准备重构一种世界霸权体系。相反，它将通过对悠久文明的创造性转换，不仅超越自身的传统，而且超越现代文明，开启一种新的人类存在方式和国际交往关系。因此，“强起来”的中国需要真正的大国外交，需要以一种穿透历史和现实的根本思想为指引，具备总体的世界历史视野。马克思主义就是这样一种总体性的世界历史理论。坚持马克思主义世界历史理论的指导地位，我们的国际交往才能形成大格局和大气象，才能将中国民族的伟大复兴与人类的进步发展事业紧密地联系起来，为人类文明发展做出新的贡献。

（一）马克思主义是立足人类社会总体化趋势的总体性理论，“强起来”的中国需要大国外交，必须以马克思主义世界历史理论为指导，坚持扩大开放

当代世界的政治经济架构和国际关系格局是第二次世界大

战之后以美国为主导建立起来的。在 20 世纪美苏争霸的世界格局中，可以说这种架构还不具有全球的普遍性。苏东剧变之后，美国成为世界唯一超级大国，以美国为代表的国际政治经济秩序得到了强化，其价值观念和具体制度被以和平或者非和平的方式推向全球。可以说，20 世纪 80 年代末 90 年代初以来，世界经历了近三十年的西方化和美国化的过程。在这个过程中，全球化的趋势进一步加速。中国通过多年的改革开放，最终成功加入了世界贸易体系。中国因此成为世界经济发展的贡献者和获益者。2008 年的全球金融危机重创了全球经济，而中国经济仍然保持着中高速的增长，对世界经济发展的贡献率越来越大。中国目前已经成为世界第二大经济体，与美国之间的差距也在逐渐缩小。在这样的背景下，美国新任总统以美国优先和让美国重新伟大为目标，掀起了一波贸易保护主义的浪潮，大打贸易战，目标直指中国。不仅如此，在“中国威胁论”等舆论的炒作下，以美国为首的一些国家还在中国周边制造各种热点，遏制中国的发展。在这样的语境中，“强起来”的中国采取什么样的政策至关重要。是坚持自由贸易的全球一体化路线，坚持扩大开放，还是相反，像美国一样大兴贸易保护主义，甚至与美国来一次全方位的对决，在这种对决中重新回到封闭的状态？我们面临巨大的历史机遇和挑战，正确把握历史发展趋势，坚持正确的价值目标，在一种总体性的世界历史视野中制定自己的大国外交战略，至关重要。

党的十九大庄严宣布，我们将进一步扩大改革开放，“推动形成全面开放新格局。开放带来进步，封闭必然落后。

中国开放的大门不会关闭，只会越开越大。要以‘一带一路’建设为重点，坚持引进来和走出去并重，遵循共商共建共享原则，加强创新能力开放合作，形成陆海内外联动、东西双向互济的开放格局。拓展对外贸易，培育贸易新业态新模式，推进贸易强国建设。实行高水平的贸易和投资自由化便利化政策，全面实行准入前国民待遇加负面清单管理制度，大幅度放宽市场准入，扩大服务业对外开放，保护外商投资合法权益。凡是在我国境内注册的企业，都要一视同仁、平等对待。优化区域开放布局，加大西部开放力度。赋予自由贸易试验区更大改革自主权，探索建设自由贸易港。创新对外投资方式，促进国际产能合作，形成面向全球的贸易、投融资、生产、服务网络，加快培育国际经济合作和竞争新优势”①。这是对我国改革开放政策在新时代的深刻阐释和全新发展。中国不但不会受到一些国家贸易保守政策的影响，反而会形成对内和对外全面改革开放的新格局。这种全面开放的战略选择顺应了世界历史的发展趋势，是一项长期的战略抉择和发展路线，它将对中国和世界的未来发展产生深刻的影响。“强起来”的中国将在新的开放格局中寻求更好的发展机会，并且推动人类的进步事业。

诞生于19世纪中叶的马克思主义对人类发展的总体化趋势有深刻的揭示。在马克思主义的创始人看来，人类历史的发展就是总体性的世界历史逐渐形成和展开的过程，全球一体化

① 党的十九大文件汇编．北京：党建读物出版社，2017：24.

是历史发展的必然趋势，任何闭关自守都挡不住这种历史的潮流。当时，资本主义的统治在英国和法国得到确立。在第一次工业革命的推动下，全球贸易和殖民拓展刚刚展开，世界上大多数国家和地区都还没有建立广泛而密切的联系，许多地方还等待商品资本关系的唤醒。但是，马克思主义创始人已经以他们深邃的目光洞穿了人类存在总体化的趋势，揭示了全球化的动力和机制，在资本批判的基础上形成了历史唯物主义视野中的世界历史理论。马克思和恩格斯指出，资本的大工业“开创了世界历史，因为它使每个文明国家以及这些国家中的每一个人的需要的满足都依赖于整个世界，因为它消灭了各国以往自然形成的闭关自守的状态"[1]。由于资本主义大工业和世界贸易，"各个相互影响的活动范围在这个发展进程中越是扩大，各民族的原始封闭状态由于日益完善的生产方式、交往以及因交往而自然形成的不同民族之间的分工消灭得越是彻底，历史也就越是成为世界历史"[2]。"过去那种地方的和民族的自给自足和闭关自守状态，被各民族的各方面的互相往来和各方面的互相依赖所代替了。物质的生产是如此，精神的生产也是如此。各民族的精神产品成了公共的财产。民族的片面性和局限性日益成为不可能……"[3] 马克思主义认为，随着资本主义大工业和全球贸易的展开，人类历史已经成为总体化的世界历史，人类的未来发展只有在全球总体性的视野中才能得到揭示。世界历史就是人类在普遍交往和普遍联系中形成的总体性的人类历史。这是一个历史唯物主义的存在论范畴、人类文明的形态学概念，而不是一个历史学范畴。

马克思主义就是站在人类发展总体化趋势基础上的人类总体性解放理论。作为一种人类总体性解放的理论，马克思主义关于未来人类发展的社会主义和共产主义不是关于某一个国家或民族解放的理论。虽然马克思主义创始人从来不一般地反对社会主义革命和建设的民族国家形式，不反对民族国家解放的意义，但是，从其理论本身的特质和内在原则来说，它是一种

---

① 马克思，恩格斯．马克思恩格斯选集：第1卷．北京：人民出版社，1995：114.

② 同①88.

③ 同①276.

总体性理论，关注的是整个人类不分国家和民族界限的总体发展和总体解放。马克思主义将发展和解放放到全球普遍交往和全球普遍联系中来考察，讲的是整个“人类”。马克思和恩格斯指出，共产主义只有作为全球性的事业才是可能的，它以生产力的普遍发展和与此相联系的世界交往为前提，“因此，无产阶级只有**在世界历史意义上**才能存在，就像共产主义——它的事业——只有作为‘世界历史性的’存在才有可能实现一样。而各个人的世界历史性的存在，也就是与世界历史直接相联系的各个人的存在”①。在《共产主义原理》中，恩格斯也指出，共产主义革命不能在一个国家发生，“它是世界性的革命，所以将有世界性的活动场所”②。社会主义和共产主义不可能是一种局限于民族国家内部的事业，不可能在闭关自守、自我封闭中得到完善和发展。马克思和恩格斯早就对地方性的共产主义进行过批判。

社会主义和共产主义讲的是人类超越民族国家界限的全面自由发展状态。从最终的意义上讲，它不可能是一个国家就可以成就的事业。改革开放是中国特色社会主义道路的重要策略，是中国社会主义初级阶段基本路线的两个基本点之一。改革开放顺应世界历史发展趋势，是坚持全球发展视野的必然要求，也是马克思主义世界历史理论和人类发展理论的体现。坚持马克思主义的世界历史理论和人类未来发展理论，就一定要

---

① 马克思，恩格斯．马克思恩格斯选集：第1卷．北京：人民出版社，1995：87.

② 同①241.

坚持改革开放战略，融入全球一体化的过程之中，并通过自身的力量影响全球化的社会历史进程。只有在开放的交往中发展社会主义，才能扩大社会主义的影响力、感召力和号召力，相信社会主义的人才会多起来。封闭起来搞建设，违背历史的趋势，既捍卫不了社会主义，也发展不了社会主义。新时代中国特色社会主义坚持扩大开放，在改革开放中坚持社会主义，这是坚持和发展马克思主义的客观要求和体现。当然，我们的改革开放是坚持社会主义道路和马克思主义指导地位的改革开放，是独立自主的改革开放。

（二）“强起来”的中国必须坚持独立自主的外交原则，不能依靠实力试图将自己的特殊经验和模式强加于人

马克思主义理论是一种总体性的理论，它是关于人类总体性解放的理论。从本质上说，它区别于民族国家内部实现民主和独立的民族民主革命理论。所以，毛泽东才将中国革命称为新民主主义革命，它既不同于旧式的资产阶级民主革命，当然也不同于马克思主义经典作家设想中的未来社会主义革命。作为新民主主义革命理论的毛泽东思想是中国化的马克思主义，它与一般马克思主义理论之间存在差异。通过中国新民主主义革命建立起来的社会主义就不同于一般的社

会主义，不同于马克思和恩格斯关于社会主义的经典表述，它必然表现出自己的特色。马克思主义的经典作家只是在一般意义上阐释了人类总体性解放的社会主义和共产主义理论。但是，在实际的历史过程中，马克思主义理论有一个民族化和时代化的问题。具体国家的社会主义建设和实践总是具体的和特殊的，不存在千篇一律、普遍适用的模式和道路，更不能强求别的国家遵循一种模式和一种道路。在以民族国家为主体实现和建设社会主义的过程中，必须坚持用独立自主的原则处理相互之间的关系。这是马克思主义的一项基本原则。过去我们坚持这一原则，避免别国干预我们的内政外交。“强起来”的中国仍然要坚持这一原则，不试图将自己的建设道路强行移植和推行到别的国家，用实际行动来回应各种“中国威胁论”的忧虑甚至是歪曲。

马克思主义创始人坚决地反对民族剥削和民族压迫。他们虽然强调革命的联合和全球一体化的未来发展趋势，但反对一个民族将自己的意志和道路强加到别的民族身上，强调革命和发展的自主自立。马克思明确指出，“奴役其他民族的民族是在为自身锻造镣铐”①。恩格斯也在相同的意义上说过，“压迫其他民族的民族是不能获得解放的。它用来压迫其他民族的力量，最后总是要反过来反对它自己的”②。出于实际革命斗争

① 马克思，恩格斯．马克思恩格斯全集：第 16 卷．北京：人民出版社，1964：440.

② 马克思，恩格斯．马克思恩格斯文集：第 3 卷．北京：人民出版社，2009：355.

的需要，关于革命联合与民族国家之间的关系，列宁的论述也有很多。列宁指出，鉴于各先进国家无产阶级的阶级斗争利益大于一切，马克思始终把压迫其他民族的民族是不能获得解放的这个国际主义和社会主义的根本原则放在第一位①。反对民族压迫，主张民族平等、民族自决的观念，体现在革命和解放问题上就是不将自己的革命意志和社会道路强加到别的民族身上，不向其他的民族强行移植革命和社会发展道路。列宁曾经说过，“马克思主义始终否认‘强行推动’革命，因为革命的发展要看产生革命的阶级矛盾的尖锐程度如何”②。列宁还指出，“共产主义是不能用暴力来灌输的”③。恩格斯也曾经说过：“胜利了的无产阶级不能强迫任何异族人民接受任何替他们造福的方法，否则就会断送自己的胜利。”④ 坚持独立自主的原则，就是既要捍卫自己的权利不受侵犯，又要尊重对方的利益、意愿、选择，让其他国家和民族自主选择自己的革命和发展道路，不把自己的意志强加于其他的国家和民族。坚持独立自主的外交原则是马克思主义理论的基本要求。

当然，社会主义和共产主义讲的是人类总体性解放，具有国际主义的倾向。但是，有的人把马克思主义主张的国际主义抽象化，反对民族国家立场，甚至直接以国际主义的名义强制干涉别国的革命和建设，把自己当成救世主，向弱势的国家输

---

① 列宁．列宁选集：第2卷．北京：人民出版社，1995：528.

② 列宁．列宁选集：第3卷．北京：人民出版社，1972：441.

③ 列宁．列宁选集：第3卷．北京：人民出版社，1995：763.

④ 马克思，恩格斯．马克思恩格斯全集：第35卷．北京：人民出版社，1971：353.

出革命，幻想着替别人“造福”。这种违背独立自主原则的作为曾经极大地影响了社会主义国家之间的关系，导致各种矛盾和冲突。大国主义和大党主义曾经给社会主义事业带来了消极影响。中国共产党成立的早期，缺乏独立自主的意识，照抄照搬十月革命的经验和模式，给中国革命带来了严重曲折。经过不断的探索，中国共产党将马克思主义与中国具体实际相结合，探索出了一条不同于俄国革命的新民主主义革命道路，最终取得胜利，推翻三座大山，实现了“站起来”的任务；在社会主义建设实践中，开始我们也是照搬苏联模式，强调社会主义的纯粹性，建立了“一大二公”的计划经济体制，改革开放之后，我们将社会主义一般理论与中国落后的现实相结合，开创了中国特色社会主义道路，实现了从“站起来”到“富起来”的伟大转变。历史充分证明，不论是革命还是建设，都必须坚持独立自主的原则，既不能照搬照抄别人的经验，更不能将自己的经验和模式强加于人，不能替人革命，不能替别人“造福”。不论我们经验如何丰富、道路如何成功、国家如何强盛，我们都要坚持独立自主的原则，不强求别人，也不代替别人。

20 世纪 80 年代末 90 年代初，苏东剧变之后，社会主义事业遭遇了重大挫折，有人认为这是整个马克思主义和共产主义“崩溃”的标志。也有人主张中国要起来当头，肩负起组织和引领社会主义的责任。面对复杂的国际国内环境，邓小平同志一方面驳斥了马克思主义和社会主义“崩溃论”，强调把我们自己的事业搞好，相信马克思主义和社会主义的人会越来越多；另一方面强调独立自主的原则，强调各国的社会主义革命和建设要靠自己，尊重各国人民对自己国家制度、发展道路的选择。韬光养晦、绝不当头的思想，为我们的建设发展营造了相对较好的国际环境。经过几十年的发展，今天中国的国力发生了巨大变化，中国已经走向了“强起来”的新时代。这导致一些人开始自我膨胀、忘乎所以。“强起来”的中国，今天还需要坚持独立自主的外交方针吗？今天中国特色社会主义取得了伟大成就，应该如何在国际上扩大社会主义的影响力？关于这些问题，的确出现了一些不理性的声音。

在这样的情况下，继续强调独立自主原则十分重要。“强起来”的中国一定要有定力，一定要坚持马克思主义民族国家平等和独立自主的外交方针。不要试图将自己的意志和道路移植和强加于人，不要有任何大国沙文主义意识。中国特色社会主义和中国马克思主义的概念本身就体现了一种特殊性原则，强调走自己的路，每个国家和民族都应该相互尊重、独立自主，探索适合于本国的社会发展道路。因此，中国道路的提出，本身就意味着一种特殊性、相对性和有限性意识。对此，党的十九大报告向世界庄严宣告和承诺：“中国坚定奉行独立自主的和平外交政策，尊重各国人民自主选择发展道路的权利，维护国际公平正义，反对把自己的意志强加于人，反对干涉别国内政，反对以强凌弱。中国决不会以牺牲别国利益为代价来发展自己，也决不放弃自己的正当权益，任何人不要幻想让中国吞下损害自身利益的苦果。”①

① 党的十九大文件汇编．北京：党建读物出版社，2017：40.

（三）“强起来”的中国要推动建设相互尊重、公平正义、合作共赢的新型国际关系，就必须坚持马克思主义战争与和平思想的指导，走和平发展道路

自近代受到西方列强入侵以来，中华民族深受殖民主义和强权政治的伤害。中国人民深知战争的残酷，深知殖民主义的残暴，因此珍惜和平发展的国际环境，尊重公正平等的国际关系原则。中国始终奉行独立自主的和平外交方针，反对各种新老殖民主义、霸权主义和强权政治。邓小平同志曾经指出，“社会主义中国应该用实践向世界表明，中国反对霸权主义、强权政治，永不称霸。中国是维护世界和平的坚定力量”①。走和平发展道路是中国特色社会主义的基本理念，也是马克思主义的本质要求。马克思主义反对殖民主义和霸权主义的一切战争和暴力，坚持捍卫世界和平。在国际交往中，用马克思主义武装起来的中国共产党始终坚持和平外交原则。党的十九大报告指出，中国共产党始终把为人类做出新的更大贡献作为自己的使命，“中国将高举和平、发

① 邓小平．邓小平文选：第3卷．北京：人民出版社，1993：383.

展、合作、共赢的旗帜，恪守维护世界和平、促进共同发展的外交政策宗旨，坚定不移在和平共处五项原则基础上发展同各国的友好合作，推动建设相互尊重、公平正义、合作共赢的新型国际关系”①。

马克思主义是现代殖民战争和争霸战争的反对者和批判者，坚持和平共处的国际关系原则是马克思主义的一贯主张。这里存在着一些误解甚至是歪曲，好像主张革命的马克思主义是“暴力论者”，认为国家之间的关系完全是靠实力和战争说了算。事实上，马克思主义并不是一般地反对战争，或者祈求和平。马克思主义的经典作家深刻地揭示了现代战争的根源，并且反对帝国主义战争和殖民主义战争。《告全世界各民族工人书》指出，“在保持欧洲均势和维护民族尊严的借口下，政治野心又在威胁世界和平了。法国、德国、西班牙的工人们！把我们的呼声联合成为共同反对战争的怒吼吧！……争夺霸权的战争，或维护某一王朝利益的战争，在工人看来只能是荒谬绝伦的犯罪行为”②。到 19 世纪末 20 世纪初，资本主义发展更加不平衡，资本主义列强之间争夺势力范围和殖民地的斗争更加激烈，资本主义从自由资本主义进入了帝国主义阶段，最终爆发了第一次世界大战。列宁指出：“当前这场战争产生于帝国主义。资本主义已经发展到这个最高阶段。社会的生产力和资本的规模业已超出单个民族国家的狭隘范围。这一切促使

① 党的十九大文件汇编．北京：党建读物出版社，2017：39.

② 马克思，恩格斯．马克思恩格斯选集：第 3 卷．北京：人民出版社，1995：16.

大国竭力去奴役其他民族，去抢夺殖民地作为原料来源和资本输出场所。”① 按照经典作家的理论，社会主义必然是坚持和平，反对争霸、反对殖民战争的。新中国成立之后，我们一直将阻止战争、捍卫世界和平作为基本的外交方针。

改革开放以来，邓小平同志改变了毛泽东晚年对于国际形势的判断，提出和平与发展成为当今时代的基本主题。邓小平同志坚持马克思主义反对战争的理论，反复地强调中国维护世界和平的决心。邓小平同志说，“从政治角度说，我可以明确地肯定地讲一个观点，中国现在是维护世界和平和稳定的力量，不是破坏力量。中国发展得越强大，世界和平越靠得住”②。“我们的对外政策是反对霸权主义，维护世界和平。我们把争取和平作为对外政策的首要任务。争取和平是世界人民的要求，也是我们搞建设的需要。没有和平环境，搞什么建设!”③ 不仅如此，邓小平同志将和平方针与社会主义制度联系起来，提出我们的社会主义是和平的社会主义。邓小平同志指出：“我们搞的是有中国特色的社会主义，是不断发展社会生产力的社会主义，是主张和平的社会主义。”④ 邓小平同志实际上是将社会主义制度同坚持和平与反对战争联系在一起。在他看来，社会主义就应该是捍卫世界和平的力量。

当然，马克思主义并不是抽象地反对一切战争，更不是无原则地祈求和平。战争也有正义和非正义之分。反对殖民主义

---

① 列宁．列宁全集：第 26 卷．北京：人民出版社，1988：294.
② 邓小平．邓小平文选：第 3 卷．北京：人民出版社，1993：104.
③ 同②116－117.
④ 同②328.

和反对霸权主义、反对法西斯主义的战争就是正义的战争，争取民族解放和民族独立的战争就是正义的战争。要捍卫和平、维护正义就需要有强大的实力。练兵备战是为止战，而不是因为好战。“强起来”的中国一方面必须坚持和平的外交方针，但另一方面必须具有强大的防止战争和打赢战争的能力。在这个问题上必须坚持辩证的观点。坚持和平的外交方针，并不意味着放弃练兵打仗，处处示弱，当好好先生。毛泽东在《目前抗日统一战线中的策略问题》中说，“斗争是团结的手段，团结是斗争的目的。以斗争求团结则团结存，以退让求团结则团结亡”[①]。战争与和平问题也与此类似。如果我们放弃战争的手段，没有止战的能力，我们也就失去了保卫和平的手段。“强起来”的中国，只有拥有强大的军事和国防实力，才能捍卫国家主权，才能真正维护世界和平。

当然，“强起来”的中国也必须避免一种自我膨胀倾向，反对封建时代那种“天朝帝国”的大国意识。只有在强大中保持平和谦逊，培育理性心态，才有利于坚持独立自主的和平外交政策，为人类的和平发展做出贡献。一个国家是否构成对世界和平的威胁，关键不在于它的实力是否强大，而在于它的基本理念，在于它处理国际关系时坚持的基本方针和原则。我国始终坚持和平发展方向，坚持走和平发展道路，努力为世界的和平发展奉献力量。像习近平 2017 年 1 月 18 日在联合国日内瓦总部的演讲中指出的那样，中国从一个积贫积弱的国家发展成为世界第二大经济体，靠的不是对外军事扩张和殖民掠夺，

① 毛泽东．毛泽东选集：第 2 卷．北京：人民出版社，1991：745.

而是人民勤劳、维护和平。中国将始终不渝走和平发展道路。无论中国发展到哪一步，中国永不称霸、永不扩张、永不谋求势力范围。历史已经并将继续证明这一点。

（四）坚持马克思主义实现人的自由全面发展的根本宗旨，构建人类命运共同体是21世纪中国马克思主义提出的重要命题

进入21世纪以来，世界发生了深刻的历史变化，马克思主义中国化的理论面临着更加广阔的全球背景。尤其是党的十九大召开以来，我国的各项事业取得了巨大发展，中国特色社会主义建设进入了新时代，中华民族走进了“强起来”的伟大复兴时代，形成了习近平新时代中国特色社会主义思想。今天，中国实践越来越体现出强大的历史影响，并且面临着更加广阔的社会历史舞台，中国相应地承担了越来越重的世界历史责任。在这样的历史背景下，习近平总书记在许多重要场合阐释过人类命运共同体概念①，提出了构建人类命运共同体的思

---

① 其中最主要的有：2015年9月28日，习近平主席出席第70届联合国大会一般性辩论，并发表题为《携手构建合作共赢新伙伴 同心打造人类命运共同体》的重要讲话。2017年1月18日，习近平主席应邀在联合国日内瓦总部发表题为《共同构建人类命运共同体》的演讲；2月10日，联合国社会发展委员会第55届会议协商通过“非洲发展新伙伴关系的社会层面”决议，构建人类命运共同体理念首次被写入联合国决议中。

想。构建人类命运共同体思想在国际政治实践中产生了重要影响，同时也引起了学界的广泛关注。如今，这一思想更是在党的十九大上写进了中国共产党的章程，被确定为党的基本思想[①]。构建人类命运共同体是习近平新时代中国特色社会主义思想的重要内容，是中国产党人在新的历史条件下提出的马克思主义重要命题。在中国“强起来”的过程中，坚持马克思主义的指导地位，坚持构建人类命运共同体将是中国特色社会主义对人类进步事业的贡献，是中国化和当代化了的马克思主义在新的历史条件下促进人类进步事业的实践倡议。

实现人的自由全面发展是马克思主义的根本使命和根本宗旨。这一宗旨在现代政治解放的基础上指明了人类解放的新方向。马克思主义创始人主张通过无产阶级革命的方式推翻资本主义的统治，以阶级解放的方式实现人类的总体性解放。共产主义社会是人类历史发展的全新形态，是以人的自由全面发展为基础的自由人的联合体，人们将能够充分地实现他们的自由个性。共产主义理论本身是一种实现人类总体性解放和自由全面发展的共同体理论，是关于人类未来的伟大理想。马克思主义诞生之后的历史实践告诉我们，实现这一伟大的社会理想是漫长的过程。在这一过程中，人类总会

① 习近平总书记在党的十九大报告中指出：“世界命运握在各国人民手中，人类前途系于各国人民的抉择。中国人民愿同各国人民一道，推动人类命运共同体建设，共同创造人类的美好未来！”（党的十九大文件汇编．北京：党建读物出版社，2017：41.）

遇到不同困难，提出需要解决并且有可能解决的时代任务，因此需要提出能够契合时代原则和时代使命的标志性思想。当今时代是一个全球化加深加速的时代，人类面临的许多共同难题和挑战，需要携手应对。另外，中国与世界的联系日益紧密，与此同时，中国社会经济各方面取得长足进展，中国更多地在国际事务中发挥重要作用。构建人类命运共同体，就是结合马克思主义的根本宗旨，运用马克思主义的立场、观点和方法，分析当今社会历史条件提出的新命题。这一命题明确了 21 世纪人类发展的基本理念，越来越得到国际社会的普遍认同。构建人类命运共同体就是在 21 世纪新的历史条件下，马克思主义结合时代发展提出的新任务，为马克思主义在 21 世纪的发展明确了新使命，是马克思主义发展进入新形态的重要标志。

人类社会从来不缺少完美的理想，从古代柏拉图的理想国和我国思想家提出的大同社会，到近代乌托邦构想，可以说不胜枚举。这些理想不仅缺乏科学的理论论证，而且缺乏坚实的实践基础。马克思主义批判了对人类未来的抽象构想，尤其是批判了空想社会主义，将对未来社会的构想奠定在科学和实践的基础之上。构建人类命运共同体是从当今社会历史的发展变化和实际情况出发提出的根本时代命题，它坚持和体现了历史唯物主义实事求是的思想路线。一方面，当代人类面临命运攸关的挑战，这一命题是针对这些现实挑战提出来的，它直面当今时代发展的困境，因此能够迅速地获得普遍认同；另一方面，这一命题的提出是立足于当代中国国力和影响力提出来的，是在中国能够更多地参与国际事务、更多地承担世界责任的前提下提出来的，它适应了国内国际环境的变化。构建人类命运共同体并不是一个抽象的观念，而是一种可操作的理论，有具体的实践步骤、发展战略和制度设想。《巴黎协定》的签署、“一带一路”倡议的提出、各种战略安全会议的举办等，都是国际社会构建人类命运共同体的切实努力。作为这一命题的提出者，中国更是以自己的积极努力为构建人类命运共同体做出巨大贡献。在努力构建人类命运共同体的过程中，中国要奉献自己的努力、分享成功的经验、创造发展的机会，也要实事求是、量力而行，坚持公平公正、共商共建共享的原则。

国外理论界的一些流派，诸如新左派或后现代主义，虽然有对现代社会的批判，但却不能提出变革现实的具体方案，不能提出解决当代人类根本问题的行动纲领和根本理念，呈现出思想上越来越激进，而实践上越来越无力的趋势。马克思主义理论与此不同，它是一种总体性的宏大叙事。它对现代社会的总体性批判、对未来人类发展道路的构想等，都体现出了总体性的方法论特征。马克思以一种总体性的眼光洞悉了人类发展的总体趋势。在马克思看来，人类进入了相互依存、相互影响的世界历史时代，从发展趋势上看再也没有一个国家和民族可能独立于这种总体化的世界历史进程。马克思主义理论本身是把握人类存在总体的总体性理论。今天，全球化趋势的发展比马克思所处的时代更加深入、全面、彻底。在世界性的挑战面前没有一个国家和民族能够独善其身。就像党的十九大报告指出的那样："没有哪个国家能够独自应对人类面临的各种挑战，也没有哪个国家能够退回到自我封闭的孤岛。"① 提出构建人类命运共同体坚持了马克思主义看待问题的总体性原则，从人类存在的总体和未来发展的总体趋势出发，坚持了全球视野，坚持了长远的历史眼光，体现了一种高瞻远瞩的宏阔视野和雄伟气魄。在构建人类命运共同体的过程中，继续坚持马克思主义的这种总体性的思维方式和理论叙事具有重要的意义。

马克思曾经指出，哲学家们只是用不同的方式解释世界，问题在于改变世界。实践性和革命性是马克思主义的根本特征。马克思将思想和理论看成来源于现实并且变革现实的内在因素。马克思主义充满了变革现实、推动社会历史发展的主体性精神。历史唯物主义是一种主体性的历史观，它充分地展现了创造历史的社会责任感和历史担当精神。一代又一代的马克思主义者都是这种主体性精神的体现者和践行者。随着社会历史条件的变化，作为马克思主义执政党的中国共产党提出构建人类命运共同体思想，正是充分地体现了马克思主义改变社会历史、主动担当历史使命的主体性精神。构建人类命运共同体思想是马克思主义主体性历史观在 21 世纪的充分体现。这一命题强调人类在历史发展中的作为，强调历史是人类自我创造的不断超越的过程。像习近平总书记在庆祝中国共产党成立 95 周年大会上指出的那样，历史没有终结，也不可能被终结。只有坚强的实践意志才能创造历史，开启人类历史发展的新篇

① 党的十九大文件汇编．北京：党建读物出版社，2017：40.

章。历史本不是自发的、由神秘力量支配的过程，人类的命运也不是先天决定的命定过程。构建人类命运共同体命题继承了马克思主义的主体性精神，坚持了马克思主义主体性的历史观，将对人类命运的担当作为自己的基本使命，将有力地指引着人类 21 世纪的历史实践。坚持马克思主义的改变现实的实践主体性精神，才能在人类命运共同体的建构过程中积极有为，为人类进步事业做出新的贡献。

八、

“强起来”需要明确的航向：离不开马克思主义共产主义理论的指导

党的十九大报告指出：“中国特色社会主义进入新时代，意味着近代以来久经磨难的中华民族迎来了从站起来、富起来到强起来的伟大飞跃，迎来了实现中华民族伟大复兴的光明前景；意味着科学社会主义在二十一世纪的中国焕发出强大生机活力，在世界上高高举起了中国特色社会主义伟大旗帜；意味着中国特色社会主义道路、理论、制度、文化不断发展，拓展了发展中国家走向现代化的途径，给世界上那些既希望加快发展又希望保持自身独立性的国家和民族提供了全新选择，为解决人类问题贡献了中国智慧和中国方案。”这里三个“意味着”的排比表明了一种层层递进的逻辑结构和内涵。中国沿着新时代中国特色社会主义的思想和道路“强起来”的过程，既是与中华民族的伟大复兴联系在一起的，是近代以来中国故事的必然延伸，同时，它又与科学社会主义在21世纪的全球复兴、与人类现代化的道路选择联系在一起。所以，中国“强起来”具有世界历史意义。对于党的十九大报告中“为解决人类问题贡献了中国智慧和中国方案”的提法，我们要结合习近平同志在庆祝中国共产党成立95周年大会上的提法来理解，他指出要“为人类对更好社会制度的探索提供中国方案”。所以，解决人类问题，就是要靠更好的社会制度，就是要不忘马克思主义的“初心”和“远大理想”，科学论证共产主义新社会，在伟大社会革命的实践当中不断趋向于这个新社会，在当代中国，就是要立足中国“强起来”的历史进程，不断追寻和展现人类文明的新样态。

（一）马克思主义针对资本主义社会的弊病症结，科学重塑了共产主义理论，中国立足于自身发展阶段，做到共产主义最高纲领和当前历史任务的辩证统一，走中国特色社会主义道路，实现现代化赶超

马克思主义依托其唯物史观和剩余价值学说这两大发现，实现了对共产主义理想社会的科学论证。通过唯物史观对人类

社会有史以来各个阶段相继更替的理论进行概括，特别是通过剩余价值学说对现存资本主义社会进行细致分析，马克思主义根据全部历史运动的规律性以及当下社会的矛盾斗争趋势，确定了人类社会下一步的发展目标——共产主义。马克思主义之前的空想社会主义者们，乃至人类自古以来对美好社会的畅想者们，都无法理解和说明历史发展状况的原因和条件，至多只能对现存状况做一些道德、文化和意识形态的批判，哪怕非常激烈，也无法找到通达其理想的大同社会和乌托邦的道路。最终，他们往往是陷入某种道德目标的悬设，在现实中却无所作为，又或者对某些前资本主义的社会建制怀有“田园牧歌”式的憧憬，甚至转向某种神秘玄幻的信仰追求。而马克思的科学社会主义，首先就是对资本主义的扬弃，它看到资本主义是一定条件下人们进行其现实生活的一种必要形式，是人们的社会经济形态的一个必然阶段，从而社会主义也就必然是在更高的时代条件下，继承资本主义时代的积极文明成果而形成的。

马克思和恩格斯科学地指出了资本主义经济运动所具有的内在矛盾，指出了其经济危机形成的机制和必然性。资本主义社会的贫富两极分化不断被善良的人们所重复揭示，直至在皮凯蒂撰写的《21 世纪资本论》中再次得到坚强的实证。资本主义社会的经济危机不断被资产阶级的实业家、政治家和学者们所承认，2008 年的全球金融危机仍然困扰着资本主义世界。而马克思的深刻之处，就在于他不仅从实证层面概括出两方面的现象结果，而且揭示了从生产力-生产关系的基本建制中生发出现象结果的必然联系。根源于“资本-劳动”对立的“有产-无产”两极分化，无产阶级的贫困作为经济运动的一项因素，使得资本主义市场体系无法同大工业的生产力所提供的丰富产品达成平衡，进而造成经济矛盾和危机，这就使得资本主义的价值实现和资本自身增殖遭遇深刻危机，资本主义面临自我否定的结果。

需要注意，马克思主义的共产主义论，是始终有针对性的，是针对资本主义现存社会弊病的“良药”。正是在资本主义的社会条件下，财富的普遍生产必然伴随着贫困的普遍生产，这才形成了资本主义社会的内在矛盾，促生了现代无产阶级运动，也设定了共产主义的主旨和根本目的，这就是：克服和解决资本主义社会的财富两极分化，消灭由此带来的全面社会分裂和对抗，在社会财富极大丰富的现实基础上实现人的自由全面发展。这样，马克思和恩格斯才使社会主义从空想变为科学，也正是在这个意义上，《共产党宣言》断言说“资产阶级的灭亡和无产阶级的胜利是同样不可避免的”。既然这样，马克思和恩格斯所身处的、重点关注的社会样态，也就只能是西欧、美国等资本主义发达经济体，并从中揭示出社会革命的客观规律和基本方略。这种社会发展路线图的科学性，本身就是建基于现代化已经实现、生产力和财富积累高度发达的富强局面。

但是与上述发达经济社会状态不同，中国近代的历史境遇，是遭受到西方资本主义列强的侵略，是被强制纳入由西方所主导的、根本上说是由资本原则所规定的世界历史进程之中的。自然，西方列强侵略中国的目的，绝不是要把封建的中国变成资本主义的中国，而只是要把中国变成它们的半殖民地和殖民地，变成资本主义的外围附庸。在近代以来中国人民可歌可泣的自救求索进程中，十月革命一声炮响给我们送来了马克思列宁主义，马克思主义对于资本主义的批判，特别是列宁主义阐明和初步实践了的非资本主义路线图，为我们指明了前进的基本方向，我们作为后发国家要“以俄为师”，通过非西方的社会形态走向富强文明。因而，从上述这个狭义的尺度上，也正如《政治经济学批判》序言所阐明的：“无论哪一个社会形态，在它们所能容纳的全部生产力发挥出来以前，是决不会灭亡的；而新的更高的生产关系，在它存在的物质条件在旧社会的胎胞里成熟以前，是决不会出现的。”[①] “两个决不会”是“两个必然”的深刻延伸。它意味着社会主义代替资本主义的必然性归根到底是由生产力发展水平决定的。

中国共产党领导中国人民进行新民主主义革命，建立新中国并进行社会主义改造、走上社会主义道路，就是谋求建立一个与自身封建羁绊相决裂，同时又不同于西方资本主义面貌的新型国家。从而，在这个意义上，中国的社会主义还不是马克思和恩格斯直接意义上的“共产主义第一阶段”的“社会主义”，它还不是“在资本主义之后”的社会形态，而是“在资本主义之旁”的具有相对优势的发展道路，用列宁的话来说，就是“首先用革命手段取得达到这个一定水平的前提，**然后**在工农政权和苏维埃制度的基础上赶上别国人民”[②]。或者按有

① 马克思，恩格斯．马克思恩格斯全集：第 13 卷．北京：人民出版社，1962：9.

② 列宁．列宁选集：第 4 卷．北京：人民出版社，1995：777.

的研究者的说法，是在落后的生产力发展水平前提下，在资金短缺、积累手段有限而工业化的速度和体系化要求迫切的历史任务面前，由党和国家来全面主导资源配置，保证高积累和优先发展重工业，同时在较低水平上但较为公平地保证人民的基本生活和社会安定①。

在中国社会主义早期探索的基础上，中国共产党人坚持科学社会主义原则和实事求是、解放思想、与时俱进，“大胆吸收和借鉴人类社会创造的一切文明成果，吸收和借鉴当今世界各国包括资本主义发达国家的一切反映现代社会化生产规律的先进经营方式、管理方法”②，终于开拓出了中国特色社会主义。正如邓小平所说的，改革作为“中国的第二次革命”③，“是社会主义制度的自我完善，在一定的范围内也发生了某种程度的革命性变革”④。改革开放以来，我们彻底突破计划经济基础上的传统社会主义各项社会体制，特别是将在资本主义的现代性文明那里业已发展成熟的市场建制纳入社会主义的范畴当中，建立社会主义市场经济体制，使之成为中国特色社会主义的基本制度框架，在经济、政治、文化、社会、生态文明和党的建设等各领域，展开全方位的改革和制度体制机制建设，也在体制变革和制度变迁的意义上解放和发展生产力，推动当代中国富起来。

---

① 武力．中国计划经济的重新审视与评价．当代中国史研究，2003（4）：37－46.

② 邓小平．邓小平文选：第3卷．北京：人民出版社，1993：373.

③ 同②113.

④ 同②142.

（二）中国在新时代“强起来”进程当中，进一步趋向于共产主义远大理想，需要推进新的“伟大斗争”和“伟大社会革命”

在中国特色社会主义的道路上，我们始终牢记马克思主义对共产主义的远大理想，坚守新中国所建立的党和国家的一整套基本制度体系，并将其视为改革所依据的原则、出发点、归宿和应当持守的底线，将改革视为社会主义的自我完善和发展。中国道路植根于它自身的历史情境，实现着自身“富起来”“强起来”的本质性要求。中国道路所始终坚持的社会主义的基本导向和基本原则理想不是抽象的和空洞的，“社会主义原则，第一是发展生产，第二是共同致富”①。社会主义的这一基本原则理想同时也是当代中国改革和发展道路所遵循的基本导向原则。所以，解放生产力、发展生产力，同消灭剥削、消除两极分化，最终达到共同富裕一道，构成了社会主义的本质。这种社会主义本质的科学界定，当然也就为中国特色社会主义指明了基本导向和基本原则，这具体地归结为党的十三大所提炼的“以经济建设为中心，坚持四项基本原则，坚持改革开放”的社会主义初级阶段基本路

① 邓小平．邓小平文选：第3卷．北京：人民出版社，1993：172.

线。按照邓小平的目标设计，“基本路线要管一百年，动摇不得”，直到21世纪中叶，达到中等发达国家水平，基本实现现代化。

对于社会主义初级阶段而言，我们一方面有着阶段上的初级性，这是受中国的经济社会发展水平所制约的，就如马克思在《资本论》第一卷序言中所说，这种“自然的发展阶段”，“既不能跳过也不能用法令取消”[①]，“工业较发达的国家向工业较不发达的国家所显示的，只是后者未来的景象”[②]，社会主义的规定性也只是如马克思所启示的那样“缩短和减轻分娩的痛苦”[③]。而今天，党的十九大向我们正式确认，中国特色社会主义已经进入了“新时代”，如果只做直观的形式逻辑的判断，那么新时代中国特色社会主义也还没有超出“社会主义初级阶段”，党的十九大报告也明确指出“社会主义初级阶段的基本国情没有变”。但从历史运动发展的辩证法角度来看，新时代也就意味着社会主义初级阶段进入了更高水平的时期，进入了后半段，在这一意义上它同前半段相比也已经有了一些改变。而且，社会主义初级阶段的后半段的目标，实际上也已经调整了，超出了“社会主义初级阶段”理论的原初设定。

党的十八大以来，随着第一个百年奋斗目标趋于实现，以

---

① 马克思，恩格斯．马克思恩格斯全集：第23卷．北京：人民出版社，1972：11.

② 同①8.

③ 同①.

习近平同志为核心的党中央，根据国内外形势和我国发展条件的变化，牢牢把握我国发展的阶段性特征，对中国发展和中华民族复兴的目标和战略进行了调整、充实和完善。首先，把原来计划到新中国成立 100 年实现的目标，即基本实现社会主义现代化，提前到 2035 年实现；在此基础上，又提出了更高的发展目标，即在基本实现社会主义现代化的基础上，到 21 世纪中叶，把我国建设成为富强、民主、文明、和谐、美丽的社会主义现代化强国。其次，对“两个阶段”发展目标进行了细化，进一步明确了到 2035 年基本实现社会主义现代化的具体目标：“我国经济实力、科技实力将大幅跃升，跻身创新型国家前列；人民平等参与、平等发展权利得到充分保障，法治国家、法治政府、法治社会基本建成，各方面制度更加完善，国家治理体系和治理能力现代化基本实现；社会文明程度达到新的高度，国家文化软实力显著增强，中华文化影响更加广泛深入；人民生活更为宽裕，中等收入群体比例明显提高，城乡区域发展差距和居民生活水平差距显著缩小，基本公共服务均等化基本实现，全体人民共同富裕迈出坚实步伐；现代社会治理格局基本形成，社会充满活力又和谐有序；生态环境根本好转，美丽中国目标基本实现。”这些目标全面涵盖了经济、政治、文化、社会、生态文明等方面，是对原先的第二个百年奋斗目标的细化、充实和提升。

对于 21 世纪中叶建成社会主义现代化强国的目标，党的十九大报告做出了进一步阐述：“我国物质文明、政治文明、精神文明、社会文明、生态文明将全面提升，实现国家治理体系和治理能力现代化，成为综合国力和国际影响力领先的国家，全体人民共同富裕基本实现，我国人民将享有更加幸福安康的生活，中华民族将以更加昂扬的姿态屹立于世界民族之林。”党的十九大报告提出建成社会主义现代化强国的目标，虽然与原来的第二个百年目标——建成社会主义现代化国家——只有一字之差，但其中却凸显了中华民族迎来从“富起来”到“强起来”的时代主题，体现了以习近平同志为核心的党中央在目标设定和战略筹划上的与时俱进。这样的“强国”目标，实际上就已经超过了“初级阶段”标准。

这就说明，我们在“强起来”的过程中，将愈来愈没有发达国家既成的“未来的景象”作为我们对照赶超的目标了，我们在“照着讲”之后，愈来愈需要“接着讲”了。当然，“接着讲”并不是随便讲，而是说明我们在经历了现代化赶超发展过程之后，愈来愈切合马克思主义的共产主义图景的原本规划了，我们要在马克思主义的根本指导下，推进科学共产主义的中国化、时代化。2013 年，习近平同志在纪念毛泽东同志诞辰 120 周年的座谈会上讲道，“今天，我们正在进行具有许多新的历史特点的伟大斗争”。习近平同志选择在这一时机提出这一点，不能不引起我们的深思，因为毛泽东在 1962 年扩大的中央工作会议上曾指出：“从现在起，五十年内外到一百年内外，是世界上社会制度彻底变化的伟大时代，是一个翻天覆地的时代，是过去任何一个历史时代都不能比拟的。处在这样一个时代，我们必须准备进行同过去时代的斗争形式有着许多不同特点的伟大的斗争。为了这个事业，我们必须把马克思列宁主义的普遍真理同中国社会主义建设的具体实际，并且同今后世界革命的具体实际，尽可能好一些地结合起来，从实践中一步一步地认识斗争的客观规律。”①

毛泽东在论述马克思主义中国化的必要性时，正是将其同“伟大时代”、同准备进行新形式新特点的“伟大的斗争”联系起来的。今天，习近平同志重提“伟大斗争”，习近平新时代中国特色社会主义思想这一中国化最新成果也恰逢其时地被提出，这正是理论对于现实历史运动的科学反映。新思想以其战略眼光和理论勇气，准确定位了我们的富强程度，反映了我们在世界历史宏大进程中的既有成果和未来目标。更进一步说，习近平同志在学习贯彻党的十九大精神研讨班开班式上发表重要讲话指出，“新时代中国特色社会主义是我们党领导人民进行伟大社会革命的成果，也是我们党领导人民进行伟大社会革命的继续”，将“伟大斗争”进一步提升到“伟大社会革命”的高度。因此，就像改革作为“中国的第二次革命”一样，我们可以合乎逻辑地推导出，中国特色社会主义新时代将在中国和世界的历史上，开启“第三次”革命。

① 毛泽东．毛泽东文集：第8卷．北京：人民出版社，1999：302.

（三）面对误解、歪曲和攻击，世界需要根据马克思主义论证共产主义的基本精神，高高举起 21 世纪科学社会主义的旗帜，“强起来”的中国尤其需要向世界贡献中国方案

马克思和恩格斯并不局限于从正面的立论上论证共产主义，还以满腔热情，坚韧不拔和卓有成效地进行驳论，驱散对共产主义的种种误解、歪曲和攻击，而中国“站起来”“富起来”“强起来”的丰硕成果，尤其为这种辩驳提供了有力的佐证。特别是 20 世纪 80 年代末 90 年代初，东欧剧变、苏联解体使得世界社会主义运动遭受了空前的实践挫折，世界社会主义运动陷入了低潮。相应的，更是带来了前所未有的理论攻击，“社会主义失败了”“社会主义的历史已经终结”“社会主义政权已被埋入历史的坟墓”等说法一时甚嚣尘上。面对世界社会主义运动的重大挫折，面对国际资本主义的疯狂叫嚣，不少人也对中国产生了种种疑虑，他们怀疑中国是否也会步苏联等的后尘，投入西方资本主义的怀抱。幸而，中国共产党人保持了清醒的头脑，带领中国人民经受住了国内政治风波和苏东剧变所带来的严峻外部挑战，坚守住了共产主义的底线。

马克思主义宣判了资本主义的“死刑”，而既然马克思和

恩格斯是根据资本主义自身所设定的前提和运行机制，推导出了其自我的矛盾，那么只要我们坚持抓住这个基本分析方法，就可以清楚地判断，资本主义社会在一百多年来的种种“新变化”因素并没有改变“死刑”判决的终极性，只是延缓了它的执行。例如，对于人类社会在生产力方面一系列新的科学技术进步和产业升级调整，我们就不能从使用价值的角度着眼，认为其削弱了人们对资本主义的反感程度和反抗力量。相反，既然资本主义本身是从价值特别是剩余价值的角度看问题，那么在不改变“资本-劳动”这种现代社会的枢纽关系的条件下，生产力的这种愈加发达，从根本上说也就会加剧同两极分化的生产关系的矛盾，加剧生产的相对过剩的经济危机，从而也就使马克思愈加正确。现实清楚而无情地告诉人们：当今资本主义所出现的一些新变化，使马克思当年对资本主义的诊断和判决更具有说服力，更具有客观现实性。

更进一步说来，资本主义社会以经济矛盾为核心枢纽的内在对抗机制，还渗透侵蚀着整个人类社会生活的方方面面。特别是20世纪后半叶以来，整个世界的生活方式开始趋同，许多人过着同一种生活，即以消费主义、个人主义、现实主义、享受主义为主要标志的生活。时至今日，愈来愈多的人领悟到：这样的生活并不是我们真正所期望的生活，唯一的出路就在于改变目前人受到资本主义规定的全部的生活方式，创建一种人的新的存在状态。于是，人们又日益发现，马克思对资本主义的批判实际上也蕴含了对资本主义总体批判的理论生长点，马克思批判和改变资本主义生产方式，不是为了使在资本主义下的那种“人从属于物”的生活方式更好地实现，而是为了创建一种新的人的生活方式。马克思关于人的新的生活方式的理论、对人的意义世界的揭示正是我们当下创建新的人的存在状态的指路明灯。

马克思在批判现实的基础上为人类描绘的未来共产主义蓝图，也已经是一个半世纪以前的事了，但人类走过了这一个半世纪的路程，最终还是发现，我们必须沿着马克思指引的方向走。人类除了以共产主义为前进的崇高目标之外“别无选择”。

并且，中国特色社会主义道路的成功一步步地证实着马克思主义共产主义理论的科学性。共产主义是中国特色社会主义一切理论和实践创新的根本旨归，是中国共产党在新的历史时期领导中国“强起来”的理论武器。平心而论，只要认真分析和研究一下中国特色社会主义道路、制度、理论体系的内容，就可以发现，其中既坚持了马克思主义的基本原理，又以解决实际问题为取向，创造性地提出了很多新观点，实践了很多新措施，丰富和发展了马克思主义，现实地趋近于共产主义。中国共产党在带领中国“站起来”“富起来”“强起来”的过程中，既坚信马克思主义的基本原理是颠扑不破的真理，又坚信马克思主义必须随着实践发展而不断地丰富发展。中国共产党带领中国人民既不走封闭僵化的老路，也不走改旗易帜的邪路，而是闯出了一条中国特色社会主义的新路，社会主义旗帜还是在中国的大地上飘扬，而且越发光彩夺目，社会主义在中国出现欣欣向荣的大发展的局面。中国在牢牢守住自己的国家的社会主义阵地的同时，也振兴了世界社会主义事业。

（四）中国特色社会主义对共产主义最大的贡献是实践，是对社会主义的具体样态的丰富展示

近年来，随着中国“富起来”并逐步显露出“强起来”的苗头，境内外的政界、经济界、舆论界、思想界等等，都开始从不同立场和理解出发，提出了一系列既有联系又有区别的概念来描述中国，例如“中国道路”“中国模式”“北京共识”等。中国学界最终比较统一地归结到“中国道路”上来，首先，学界认为这个称谓表明中国特色社会主义不是静态的、既定的，可以凸显动态发展和未来成长性。其次，学界认为这也恰如其分地反映了中国在客观实力方面，对当代世界发挥影响力的程度还有待提高。我们当然也并不赞同故步自封和强加于人，但我们认为，随着中国道路的发展，我们要日益提升中国道路作为科学社会主义当代方案的影响力，我们赞同在给出具体样式、详细图景的意义上说“模式”。

马克思在《共产党宣言》中对人类究竟应当如何生活、究竟什么样的生活对人来说才是有意义的，提出了两个著名的论断，一是人类社会必须组织成“自由人的联合体”，二是在这个联合体中“每个人的自由发展是一切人的自由发展的条件”。

恩格斯在后来给社会主义阵营同志的书信当中，特地指出再也找不出比这更合适的话来表述新社会的主要特征。当今人类创建新的生活方式必须紧紧地围绕着马克思和恩格斯的这一基本思路展开。创建人的新的生活方式不仅包括改变原先的人与人、人与社会之间的那种对立关系，建立起和谐的新型的人与人、人与社会之间的关系，而且也包括重建人与自然之间的关系，使人与自然之间的相互对立变为相互协调。在人与自然之间的关系中究竟应当是怎样的以及这种关系究竟如何建立的问题上，马克思也给予我们启迪。马克思关于按照美的规律塑造自然界、让自然界成为人的身体的延伸、实现人本主义与自然主义的结合等著名论断，正是人类消除生态危机、建立生态文明的准则。

作为文明新样式的新的“伟大斗争”和新的“伟大社会革命”，生动体现在美好生活和美丽强国的目标上，乃至是在“持续走向繁荣富强”的“此岸性”成果基础之上，昭示着、部分地实现着更加丰富的人的自由而全面发展的“彼岸性”内容。当然，在社会主义初级阶段中，人的自由而全面发展还只能是部分地实现，但与此同时，我们运用社会主义的活的制度因素，运用共产党人和全体人民活的主体因素，驾驭和引导经济社会发展方向，服务于作为劳动者的人的根本利益，不断为共产主义远大理想的实现积累条件，不断趋向于包括人的解放亦即劳动彻底解放在内的共产主义远大理想的诸项规定性。我们可以模仿《共产党宣言》的句式来说，未来，作为文明进步尺度上“最先进的国家几乎都可以”借鉴 21 世纪的科学社会主义的思路“采取下面的措施”：

第一，实行社会主义市场经济，合理地利用资本因素和原则，但不使劳动者充当纯粹的资本的雇佣和剥削对象。在可预见的一个历史时期，人类文明共同体式的和平发展样态，仍然必须融入由资本原则所主导的全球经济体系，尤其是广大经济社会发展水平较低的国家需要强调解放和发展生产力，必须调动一切积极因素，让一切创造财富的源泉充分涌流，从而必须让市场在资源配置中起决定性作用，并发挥资本的积极历史作用。但与此同时，社会主义的制度特征，又超越了纯粹资本主义条件下那种状态：劳动力同生产资料的完全分离、市场的自由竞争和产业后备军的存在，使得劳动力仅仅是以其“价值”，即维持自身再生产的底线来被资本所购买。这种劳动力商品化的形式，是资本主义社会中“资本-劳动”对立的实现方式，是资本雇佣劳动、资本在购买劳动力的同时占有剩余价值的具体方法。而在社会主义市场经济条件下，企业经营和劳动就业的体制机制，尽管也有着市场交换、契约自由的一般形式，但是从根本上说，这首先是为了推动现代大生产的发展，对劳动力而言也有助于劳动的变换、职能的更动和工人的全面流动。因此，社会主义市场经济是实现对资本的有限制的超越、实现劳动的部分解放的基本形式。

第二，在社会主义市场经济体制下，在劳动力和劳动岗位的动态平衡中，在劳动生产过程的扩大中，实现经济的良性增长同劳动者物质利益的满足和发展的有机统一。从经济的社会形态的基础性条件来说，只有依托于劳动岗位，人们才能获取谋生的必要手段，才能进而向更高层次发展。对社会主义而言，应当从制度的内在目标和本质的高度，不断促进劳动力与劳动资料的充分结合，促进劳动者与适当的劳动岗位的充分匹配。社会主义市场经济出于经济效益的考量也需要淘汰落后产能、减少劳动岗位。但是，社会主义的制度属性就要求以劳动者的根本利益为本，切实保障劳动者在局部转换中的利益诉求，并且就社会主义初级阶段的经济增长和生产力发展来说，不仅其根本任务在于满足人们的需要，就是其过程本身，也意味着劳动生产过程的不断扩大，需要不断吸纳劳动者的加入，包括劳动者随着产业的升级，转换其岗位，提升其能力。

第三，社会主义要使得劳动者在匹配了相应的劳动岗位之后，促使劳动任务、劳动过程与其自身生命活动的积极发展相结合。在马克思主义看来，劳动生产力的发展，不仅仅是服务于经济产出、经济效益，不仅仅是着眼于劳动者个体在物质利益、劳动报酬和福利待遇方面的提升，更全面地说来，社会主义使得人的整个的生命活动不断丰富，使人的主体能力不断提升。劳动是人的首要的生命活动，劳动岗位也就相应是人的生命活动的展现舞台，人们匹配了一定的舞台从事劳动，就是依托其上开展以劳动为基础的各项活动。在社会主义市场经济体制下，我们重构了社会的组织结构，但这并不意味着将企业作为单纯的经济经营实体、单纯的“此岸”，并不意味着它只是支付给劳动者货币报酬，让劳动者在其他场合、在“彼岸”自行发展其生命活动。社会主义即使在其初级阶段，仍然要注重在劳动的过程之中让劳动者的劳动与其生命活动展现相结合。这种结合，包括促使劳动者社会人格的养成和发展。

第四，社会主义要以适当的公有制形式和社会治理体系，促进劳动者在劳动过程和劳动组织中的主人翁地位。马克思主义认为，劳动的解放“决定于生产力是否归人民所有”，那么，这种人民的所有制的实现形式、实现程度，当然也就决定着劳动的解放的实现程度。在社会主义市场经济的逐步探索和发展当中，我们改变了计划经济时代单一的公有制经济成分，包括国有企业也脱离了计划体制下对国家职能部门的机械从属，而转为主要从国有资产和资本运营的角度追求保值增值。在新的历史条件和体制机制下，劳动者的主人翁地位的实现，就需要经由更加复杂、间接和迂回的路径。总而言之，社会主义在其动态发展当中要求宏观和微观层面的结合，要求人民当家作主和劳动者直接参与的结合，要求发挥劳动者在劳动过程和劳动组织中的主人翁地位。

第五，社会主义要求不断促进劳动者之间的联合关系的形成。中国各地区在经济资源、产业构成、发展水平上都有着极大的差异，这也相应带来了劳动者的相互区隔，进而形成复杂的利益本位和主体。在资本主义市场经济条件下，资本的逐利特性、规模效益和追求自由流动的内在冲动，无疑会相应地导致劳动者诸个体追随资本投向，具有无序竞争、盲目流动的自发冲动。因此，社会主义市场经济就要求宏观调控和统筹协调。例如，社会主义市场经济仍然要求无产阶级政党在全局政治方向上集中统一领导，要求党的基层组织的战斗堡垒作用，其在经济组织之中和跨经济组织中的凝聚作用等等。

社会主义市场经济就要求
宏观调控和统筹协调

九、

“强起来”需要正确的方法：离不开马克思主义方法论的指导

恩格斯曾经明确地指出：“马克思的整个世界观不是教义，而是方法。它提供的不是现成的教条，而是进一步研究的出发点和供这种研究使用的方法。”① 对此，西方马克思主义的创始人卢卡奇曾经在《历史与阶级意识》中指出：“正统的马克思主义并不意味着无批判地接受马克思研究的结果，它不是对这个或那个论点的‘信仰’，也不是对某本‘圣’书的注解。恰恰相反，马克思主义问题中的正统仅仅是指方法。”② 回顾马克思主义中国化的历史，我们也会发现，中国引进和坚持的马克思主义的指导主要是方法论层面的指导，是指用马克思主

① 马克思，恩格斯．马克思恩格斯选集：第 4 卷．北京：人民出版社，1995：742－743.

② 卢卡奇．历史与阶级意识．北京：商务印书馆，1999：49.

义的立场、观点和方法看待和处理具体的中国实际问题，而不是说马克思主义提供了解决问题的现存答案。正是这种有的放矢、实事求是的态度，使得中国共产党人在不同历史阶段、面对不同的社会历史任务时，总能与时俱进，灵活掌握和运用马克思主义的方法论指导实践。习近平同志在主持中共中央政治局学习历史唯物主义时曾经指出："马克思主义哲学深刻揭示了客观世界特别是人类社会发展一般规律，在当今时代依然有着强大生命力，依然是指导共产党人前进的强大思想武器。"①用好了马克思主义这一思想武器，我们的事业就能够兴旺发达；背离了马克思主义的基本原则，我们的事业就会遭遇曲折，甚至走上歪路邪路。中华民族从"站起来""富起来"到"强起来"，更需要很好地坚持和发展这一强大的思想武器，把我国建设成为富强、民主、文明、和谐、美丽的社会主义现代化强国。

（一）马克思主义是同时超越唯心主义和旧唯物主义的世界观，坚持马克思主义的方法论，首先要求坚持马克思主义的基本世界观

坚持马克思主义的指导，就要坚持马克思主义世界观和

① 中共中央宣传部．习近平总书记系列重要讲话读本．北京：学习出版社，人民出版社，2014：175.

方法论的指导。首先需要明确马克思主义哲学世界观的基本观点和基本立场，坚持马克思主义超越唯心主义和旧唯物主义的辩证的历史唯物主义。马克思主义哲学的诞生在西方思想史上是一次重要的思想革命。对于这场革命性的变革有不同的阐释，问题其实并不复杂。从马克思主义哲学诞生的思想背景不难看出，马克思主义创始人一方面批评了唯心主义，肯定了唯物主义的一般原则，肯定世界的物质统一性，肯定物质是这个世界的存在基础。另一方面，他们又批判了到当时为止的旧唯物主义，包括近代自然科学的唯物主义、费尔巴哈人道的唯物主义等等，认为其脱离历史实践抽象地理解物质世界，既看不到物质世界受到人的实践影响之后的社会性和历史性，也看不到社会历史发展的物质性。从这种对唯心主义和旧唯物主义的双重批判和双重超越的角度来看，马克思主义哲学是一种在批判唯心主义的同时，超越了旧唯物主义哲学的唯物主义哲学。马克思主义哲学划清了同唯心主义的界限，属于唯物主义的范围；同时划清了与旧唯物主义的界限，马克思主义哲学是一种新的唯物主义。我们之所以将这种新的唯物主义称为辩证的历史唯物主义，是因为不仅社会历史成为马克思主义哲学根本的研究对象，而且马克思主义哲学在唯物主义的基础上以社会的、历史的眼光看待统一的物质世界。社会历史实践中人在改变客观世界的同时改变主观世界，现实世界是受人的认识和实践影响的客观世界。

马克思曾经说过："只要有人存在，自然史和人类史就彼此相互制约。”[①] 人始终处在这种相互作用的过程中，并且只能从这个相互作用的过程理解自然和理解历史。在这种相互作用中，现实就是人在改变环境对象的同时改变自身的双向过程。所以马克思说：“环境的改变和人的活动或自我改变的一致，只能被看作是并合理地理解为**革命的实践**。”[②] 马克思主义不仅从劳动实践的观点出发理解人类历史发展，而且以这种相互作用的实践观批判旧唯物主义和历史唯心主义，批判它们不能在感性的实践活动中理解事物和现实，将现实世界抽象为不受意识精神影响的物质或者没有物质基础的抽象精神。旧唯物主义和唯心主义都是一种脱离实践的抽象哲学。马克思主义哲学立足于实践观点，批判和超越了这两种抽象对立的形而上学。在马克思主义的唯物主义看来，现实存在根本不是抽象的物质或者抽象的精神，而是实践活动中展开的具体过程。离开了现实实践的唯物主义对批判唯心主义是有意义的，但对于我们理解现实、理解社会历史远远不够。我们应该在具体的实践活动和实践关系中解释现实、解释事物，形成正确理论，并依据正确理论指导改变现实的实践。在这个意义上，“实践的观点是全部马克思主义哲学的首要的和基本的观点，实践范畴是马克思主义哲学整个体系的核心范畴，只有立足于社会实践的观点，才能把握和阐明马克思主义哲学的精神实质，才能理解和说明马克思主义哲学在它产生之后 100 多年里的生气勃勃的

---

① 马克思，恩格斯．马克思恩格斯选集：第 1 卷．北京：人民出版社，1995：66.

② 同①55.

新发展”①。

马克思主义不是以实践的观点否定而是超越了旧唯物主义。用唯物主义和无神论的观点批判唯心主义、宗教神学和封建迷信，这是现代启蒙哲学和启蒙思想的基本任务。作为现代启蒙思想的批判继承者，马克思主义世界观坚持唯物主义的基本立场，但并不仅仅停留在这个立场上。对马克思来说，批判唯心主义和宗教神学的任务已经完成。新的任务恰恰是揭示现代唯物主义的局限性。马克思将现代唯物主义称为自然科学的唯物主义、机械唯物主义、形而上学唯物主义等，批判这些唯物主义没有实践的观点，只是从物质世界本身来看物质，只是看到自然对历史的作用，而看不到历史实践对自然的作用。这些唯物主义甚至用理解自然世界的方式理解社会历史，如将人理解为机器、将社会理解为机器等。通过批判这些旧唯物主义，马克思和恩格斯以实践观点为基础，建立了辩证的历史唯物主义。历史唯物主义以实践的、历史的眼光看世界，认为世界不再是抽象的自在的物质世界，而是在物质世界中展开的超越物质世界的自然与历史相统一的现实过程。历史唯物主义中的“物”不再只是指旧唯物主义实体意义上的物质，而是实践中介的现实存在关系、存在方式、存在结构和存在过程。在这个意义上，社会存在才成为历史唯物主义的基本范畴，社会存在决定社会意识才成为历史唯物主义的基本原理，历史唯物主义才成为唯物主义发展史上的一个新阶段和新

---

① 肖前．马克思主义哲学原理：上册．北京：中国人民大学出版社，1994：Ⅱ.

形态。

看到旧唯物主义的局限性，这不是马克思主义的独特之处。恩格斯曾经引用费尔巴哈的话说明，费尔巴哈也知道不能用自然物质世界的逻辑来理解人类历史，人类历史的存在和发展有其特殊性。但是，意识到这种差异的费尔巴哈却用爱、宗教情感来解释历史发展。马克思和恩格斯像费尔巴哈那样批判了旧唯物主义用自然物质世界的逻辑理解历史导致的庸俗唯物主义，同时又批判费尔巴哈从内在的精神因素理解历史陷入的历史唯心主义。历史唯物主义从实践的观点理解历史，强调自然的历史和历史的自然在实践中相互作用的统一，批判割裂自然与历史导致的抽象对立。马克思主义的历史观是立足于实践的唯物主义的历史观，历史既不是按照自然的必然性展开的过程，更不是按照人的主观意志展开的唯意志论过程，而是实践中主体和客体交互作用的产物，是经济基础决定上层建筑、上层建筑反作用于经济基础的辩证过程。在这一基本观点和基本原理的基础上，历史唯物主义形成了一系列不同于旧唯物主义和历史唯心主义的历史观点。

历史唯物主义的历史观是马克思主义哲学的核心。恩格斯曾经称唯物主义的历史观是马克思的两大重要发现之一。历史唯物主义的历史观同时批判旧唯物主义和唯心主义的历史观：批判旧唯物主义看不到历史的特殊性，用物质世界的眼光理解历史；批判历史唯心主义从观念和精神出发解释历史，陷入了主观主义。以实践观点为基础，历史唯物主义打破这种客观主义和主观主义之间的抽象对立，形成了一系列理解历史的方法论原则。坚持马克思主义方法论的指导，就是要在理论和实践中坚持这些基本的原则，其中首要的是坚持实事求是的思想路线。

（二）中国“强起来”需要坚持马克思主义实事求是的思想路线，坚持理论与实际相结合，避免主观主义和教条主义

今年是改革开放 40 周年，也是《实践是检验真理的唯一标准》发表 40 周年。从中央到地方、从理论宣传部门到学术科研机构都掀起了纪念改革开放和真理标准大讨论的热潮。正是真理标准大讨论吹响了改革开放的号角，从此中国社会焕然一新，走向了建设中国特色社会主义的新时期。经过 40 年的建设和发展，中国社会发生了翻天覆地的变化，从“站起来”走进了“富起来”的时代。通过改革开放，马克思主义中国化的历程发生了从毛泽东思想到邓小平理论的第二次历史飞跃。今天，随着我国社会经济各方面建设事业的全面发展，随着中国社会主要矛盾的变化，中国社会从“富起来”迈向了“强起来”的新时代。新时代催生新思想，马克思主义中国化正在发生第三次历史性的飞跃。习近平新时代中国特色社会主义思想正在发挥着强大的作用，成为指引新时代中国特色社会主义建设实践的精神力量，成为中华民族伟大复兴新征程中的共同民

族意志。这是一个继往开来、与时俱进的时代。在新时代重申和坚持实事求是的马克思主义基本思想路线具有举足轻重的作用。它能够让我们避免在“强起来”的新征程中犯主观主义和教条主义的错误，真正做到理论与实际相结合、理想与现实相结合，不吹嘘、不浮夸，脚踏实地地推进中华民族伟大复兴的现实进程。

实践是马克思主义哲学的根本观点。理论来源于实践，同时又在指导实践的过程中得到检验和发展。理论与实践之间是一种相互规定和相互促进的关系。这就要求我们要坚持实事求是的思想路线。正确的思想和理论只能来源于对现实的客观研究，而不是脱离具体社会历史条件的绝对教条和绝对原则。只有符合现实情况的正确理论才能带来正确的实践。在《改造我们的学习》一文中，毛泽东同志强调，实事求是的态度“就是要有目的地去研究马克思列宁主义的理论，要使马克思列宁主义的理论和中国革命的实际运动结合起来，是为着解决中国革命的理论问题和策略问题而去从它找立场，找观点，找方法的”①。他又将这种实事求是的态度称为有的放矢的态度。“我们中国共产党人所以要找这根‘矢’，就是为了要射中国革命和东方革命这个‘的’的。”② 实事求是就是研究客观存在着的一切事物的内部联系，研究规律性，形成正确的理论以指导现实实践。坚持实事求是的思想路线，才能避免主观主义的态度，避免不研究中国现实和中国实情的教条主义，真正做到理

①② 毛泽东．毛泽东选集：第3卷．北京：人民出版社，1991：801.

论与实践的辩证统一。毛泽东说："我们的结论是主观和客观、理论和实践、知和行的具体的历史的统一，反对一切离开具体历史的'左'的或右的错误思想。"① 实事求是是毛泽东对马克思主义思想路线的中国概括。邓小平说："马克思、恩格斯创立了辩证唯物主义和历史唯物主义的思想路线，毛泽东同志用中国语言概括为'实事求是'四个大字。实事求是，一切从实际出发，理论联系实际，坚持实践是检验真理的标准，这就是我们党的思想路线。……党的这条思想路线是毛泽东同志确立的，他在领导革命的大部分时间内是坚持这条思想路线的。"②

坚持实事求是的思想原则，是中国革命、建设和改革取得成功的关键和宝贵经验。在马克思主义中国化的过程中，凡是能够很好地坚持实事求是的思想路线、正确处理马克思主义一般理论与中国现实关系的时期，都是我们各项事业能够顺利发展的时期。相反，凡是背离了实事求是的思想路线，教条主义、主观主义或者经验主义盛行，我们的事业就会遭遇挫折，甚至是灾难性的打击。革命战争时期如此，和平建设时期也是如此。社会主义建设时期虽然取得了举世瞩目的成就，但"大跃进"、"超英赶美"、长达十年的"文化大革命"给社会主义建设实践带来了深重的灾难。党的十一届三中全会以来，改革开放的总设计师邓小平领导全党和全国人民拨乱反正，客观地评价毛泽东同志的历史功勋和晚年错误，通过真理标准大讨

---

① 毛泽东．毛泽东选集：第1卷．北京：人民出版社，1991：296.

② 邓小平．邓小平文选：第2卷．北京：人民出版社，1994：278.

论，重新恢复了实事求是的思想路线，开启了中国特色社会主义建设的新时期。邓小平同志指出："实事求是，是无产阶级世界观的基础，是马克思主义的思想基础。过去我们搞革命所取得的一切胜利，是靠实事求是；现在我们要实现四个现代化，同样要靠实事求是。"① 由于坚持实事求是的思想路线，形成了中国处于并将长期处于社会主义初级阶段的基本判断；同时改变了战争与革命的时代判断，提出和平与发展是当今时代的基本主题。在此基础上，提出了"一个中心、两个基本点"的社会主义初级阶段基本路线，提出了"两步走"的战略发展步骤。在邓小平理论的指引下，中国社会完成了从"站起来"到"富起来"的伟大历程。

坚持实事求是的思想路线，是我们党的优良传统。坚持这样一条思想路线，我们才能形成正确理论以指引现实实践。习近平总书记在党的十九大报告中指出："十八大以来，国内外形势变化和我国各项事业发展都给我们提出了一个重大时代课题，这就是必须从理论和实践结合上系统回答新时代坚持和发展什么样的中国特色社会主义、怎样坚持和发展中国特色社会主义，包括新时代坚持和发展中国特色社会主义的总目标、总任务、总体布局、战略布局和发展方向、发展方式、发展动力、战略步骤、外部条件、政治保证等基本问题，并且要根据新的实践对经济、政治、法治、科技、文化、教育、民生、民族、宗教、社会、生态文明、国家安全、国防和军队、'一国

① 邓小平．邓小平文选：第2卷．北京：人民出版社，1994：143.

两制’和祖国统一、统一战线、外交、党的建设等各方面作出理论分析和政策指导，以利于更好坚持和发展中国特色社会主义。”① 正是围绕着这个重大时代课题，我们党“坚持解放思想、实事求是、与时俱进、求真务实，坚持辩证唯物主义和历史唯物主义，紧密结合新的时代条件和实践要求，以全新的视野深化对共产党执政规律、社会主义建设规律、人类社会发展规律的认识，进行艰辛理论探索，取得重大理论创新成果，形成了新时代中国特色社会主义思想”②。习近平新时代中国特色社会主义思想贯穿着实事求是的思想路线，它不仅明确地提出了坚持马克思主义实事求是的思想路线的根本要求，而且本身就是中国共产党人坚持实事求是思想路线的根本体现。正是坚持解放思想，实事求是，根据当代国际国内历史条件的变化和时代特征，应用和发展马克思主义，才形成了习近平新时代中国特色社会主义思想。这一思想是马克思主义中国化的最新成果，是21世纪中国马克思主义的基本内容。

今天，中华民族从“富起来”走向了“强起来”，更需要坚持实事求是的思想路线，正确把握时代脉搏，客观评价取得的成就，理性设定未来目标，既要有充分的自信，又不能盲目浮夸、自吹自擂，而是要发扬脚踏实地、谦虚谨慎、艰苦奋斗的作风，用具体的行动努力建设中国特色社会主义，用真实成绩回答时代提出的问题，用谦虚平和的品格赢得世人的尊重。

---

① 党的十九大文件汇编．北京：党建读物出版社，2017：12－13.

② 同①13.

（三）中国"强起来"要坚持马克思主义的历史分析法，以历史的、发展的眼光看待事物和社会历史的发展，反对各种故步自封、保守僵化的态度

实事求是是马克思主义的基本思想路线，也是中国共产党在长期革命实践过程中形成的基本认识路线。这一路线在指引中国革命建设和改革实践中发挥了十分重要的作用。但是，我们不能误解这条路线的思想内涵。这一思想路线的理论内涵只有在历史唯物主义实践概念的基础上才能够得到深刻理解，这一思想路线既不能被理解为一个经验主义的命题，也不能被理解为一个实证主义的命题。也就是说，坚持实事求是的思想路线，必须与坚持历史唯物主义、坚持以实践为基础的历史分析法联系在一起，既不能把理论简单地看成对静止的现实的机械反映，也不能将理论看成先于实践因此规定实践的教条。历史唯物主义将现实看成理论与实践辩证统一的历史展开过程，因此坚持用历史的眼光来看待问题。历史性是历史唯物主义基本的方法论原则，它要求以一种历史的发展的眼光看待事物，在历史的发展总体中把握事物。坚持实事求是的思想路线同时就意味着坚持马克思主义的历史分析法，因为"实事"不是僵死

不变的对象，“是”不是僵死不变的抽象规定。

辩证法的基本特征是用联系和发展的眼光看待问题。问题在于如何来看待联系和发展。黑格尔哲学是古典辩证法的集大成者，他强调真理是整体和过程，联系和发展的观点在这一命题中得到了充分体现。黑格尔的哲学就是研究范畴与范畴之间的必然联系与发展的科学，而且黑格尔哲学还阐释了联系与发展本身的基本范畴和基本规律。与黑格尔的唯心主义相反，近代唯物主义也讲联系和发展，讲运动变化，但它们基本上是以机械的物理运动模式来理解世界的联系和发展，认为动物是机器，甚至人也是机器。社会达尔文主义也用生物进化论的观点来理解联系和发展，按照生物有机体的模式来理解社会历史的运动。马克思主义哲学如何理解现实的联系和发展呢？它是不是颠倒了唯心主义因此像近代唯物主义那样将世界理解为自在的物质运动过程？一句话，马克思主义辩证法的根本特征在哪里？实事求是思想原则中讲的“实事”是不是指自在运动的物质世界本身？“实事求是”中所求之“是”是不是仅指物质世界的因果必然性规律？因此，实事求是就是一种机械反映论的认识论观点？事实显然不是这样的。

马克思主义辩证法建立在实践的基础之上。它不是一般地看到事物之间的联系和发展，而是在历史的实践之中理解事物的运动、发展和变化，因此它不仅与唯心主义的辩证法不一样，也超越了旧唯物主义的辩证法概念。在历史唯物主义的思想视域中，联系和发展的过程不再仅是指事物内部和事物之间的自在联系和自在发展，而是指人类生存活动中受到人类实践作用的联系和发展过程。这个过程总是与人类的历史实践联系在一起，因此是受到人类主体因素影响的社会历史过程。同样的事物在不同的社会历史关系中表现出不同的内涵、作用、价值和意义。我们不能脱离特定的社会历史关系抽象地理解事物，好像认识就是为了提供超越社会历史时空的绝对真理和普遍原则，然后就能够扛着这些绝对真理和普遍原则通吃天下了。这就是一种教条主义的态度，说明不懂得马克思主义的历史分析法。马克思主义的历史分析法要求在特定的具体社会历史条件中，结合实践的需要对事物进行具体分析，把握事物和现象具体的特殊规定。

历史分析法首先强调的是我们要在由实践造就的社会历史关系中理解事物，明确事物和现象与人类实践活动的具体联系。正是这种实践活动的具体性决定了事物和现象与人类的特殊关联，决定了认识的相对性和有限性，同时也决定了这种相对性和有限性不会导致相对主义和虚无主义。因为在确定的社会实践语境中，事物的性质、状态、作用等总是相对确定的、不变的，因此我们关于事物的认识必然存在真假对错，我们对于事物的评价总有深浅优劣之分。因为强调这种实践性，历史的分析方法同时强调用发展的眼光来看事物。人类的实践活动总是在改变客观对象的同时改变人的主观世界，改变主观世界与客观世界之间的辩证关系，推动现实的发展变化。因此，历史唯物主义反对那种天不变道亦不变的观点，主张用发展的眼光看待事物，主张解放思想，因时制宜，与时俱进。这些观点都是历史分析法的充分体现。

坚持用这种发展的眼光来看待问题，我们才能“勇于变革、勇于创新，永不停滞、永不僵化”，才能锐意进取、永葆青春。

马克思主义经典作家总是强调运用这种发展的眼光看待事物，反对各种故步自封、保守僵化的态度。马克思就曾经说过：“在将来某个特定的时刻应该做些什么，应该**马上**做些什么，这当然完全取决于人们将不得不在其中活动的那个既定的历史环境。”[①] 马克思主义不仅以这种发展的眼光看待事物，而且以发展的眼光看待马克思主义理论本身。恩格斯曾经明确地指出，马克思的整个世界观“提供的不是现成的教条，而是进一步研究的出发点和供这种研究**使用**的方法”[②]。正是用这种发展的眼光看待自身，马克思主义本身才能不断与时俱进，生机勃勃。“强起来”的中国必须坚持马克思主义的历史分析法，做到与时俱进，防止各种僵化保守。

（四）“强起来”的中国只有坚持马克思主义总体性的思维方式，才能准确把握新时代中国特色社会主义的历史方位和历史意义

马克思主义理论是人类走向世界历史时代的产物。马克思

① 马克思，恩格斯．马克思恩格斯选集：第4卷．北京：人民出版社，1995：643.

② 同①742－743.

主义的创始人是百科全书式的作家，综合了当时主要科学发展的基本成果，创造了一个融会贯通的庞大总体性体系。从产生的时代背景来说，马克思主义是人类文明走向全球一体化的产物，思考和研究的是人类存在的总体，是作为总体的人类社会和人类历史。从具体的内容来讲，马克思主义更是实现多个学科综合创新的总体性理论。尤其是从方法论的角度来讲，马克思主义贯穿着一种辩证的历史总体性意识，坚持用辩证的总体性思维方式理解事物、把握现实，因此能够成为当今时代精神的精华。坚持辩证的总体性意识是马克思主义方法论的重要原则。面对当代现实和思想语境，一方面是全球一体化程度的加深加速，另一方面又是主张微观叙事、反对总体性思维的后现代主义的广泛影响，坚持和突出辩证的总体性思维方式对我们这样一个带领 13 亿多中国人民走向民族复兴的大党来说至关重要。只有具备总体性思维，总揽全局、高瞻远瞩，才能“提高战略思维能力、综合决策能力、驾驭全局能力，团结带领人民不断书写改革开放历史新篇章”。

在一些后现代主义者看来，总体性是现代主义理论宏大叙事的内在特征，体现了人作为现代主体在理论和实践方面没有边界的膨胀和“僭越”。一般来说，后现代主义小心避开绝对价值、坚实的认识论基础、总体政治眼光、关于历史的宏大理论和“封闭的”概念体系，它是怀疑论的、开放的、相对主义的和多元论的，赞美分裂而不是协调、破碎而不是整体、异质而不是单一，它把自我看作多面的、流动的、临时的和没有任何实质性整体合一的[①]。后现代主义主张的是一种小叙事、微观叙事。一些后现代主义理论家认为，现代总体性叙事是极权主义和专制主义的思想根源，导致了现代社会实践中的灾难。在他们看来，马克思主义理论不仅是现代性理论的继承者而且是其最为极端的形式，在反对和批判总体性叙事的旗帜下，马克思主义成为后现代主义批判的重要对象。

的确，从多个方面来看马克思主义理论都具有显著的总体性特征。马克思批判理论的总体性特征体现了内在一贯的思想逻辑，也体现了理论与实践之间的统一性，应该说这是当代学科分化的理论研究和破碎化了的思想难以企及的。这种总体性叙事并非立足于形而上学的抽象总体性，也不是必然会导致实践上的专制主义和排他主义。马克思批判理论的总体性特征不能简单地等同于抽象的同一性思维，甚至也不能等同于黑格尔概念思辨联系中的总体性。马克思强调在历史实践、社会关系的总体联系中理解具体、特殊、差异的性质和意义。只有在社会历史的联系和发展总体中才能真正把握具体、特殊和差异，历史和社会的总体并没有被看成静止的。这种总体性思维能避免将“个体”“特殊”“差异”“多元”提升为绝对，避免陷入“特殊”的暴政和排他主义。批判抽象的总体性，捍卫差异、多元、特殊、具体等，但不应该抽象地排斥总体性叙事本身，不应该放弃总体性的思维方式。具体事物之具体性只有在历史的总体中才能得到正确的理解。

---

① 特里·伊格尔顿．后现代主义的幻象．北京：商务印书馆，2000：1.

准确地把握历史发展的趋势和内在原则需要高度的抽象能力和总体性的思维方式，需要一种高屋建瓴的理论气魄。我们不能跟着看看时髦的后现代主义反对和放弃总体性的方法。在这个意义上，卢卡奇曾经指出，辩证的总体观是能够在思维中再现现实和把握现实的唯一方法①。放弃了总体性的方法，在单纯的具体中根本不可能形成合理的时代概念和历史概念。其实，总体性思维作为人类思维的一种方式，并不必然与具体性、差异性、宽容、多元等构成对立。马克思主义的总体性思维方式并不否定具体性和差异性，将马克思主义的总体性方法同形而上学思维等同起来、将总体性思维方式同政治上的专制主义等同起来是一种根本的错误：第一，这是将总体性当成了抽象的同一性，从而与具体性对立起来。实际上，抽象的总体性可能导致绝对主义和排他主义，而在抽象的具体中，这种可能性不是变小了，而是增加了。因为具体性也会陷入抽象，脱离总体的绝对具体本身就是抽象。马克思主义的总体性思维方式强调具体和总体辩证的历史的统一，而不是把二者对立起来。第二，这是一种观念主义，没有看到思维方式和理论特征同存在历史的联系，好像总体性思维根源于人们的内在观念。资本主义生产方式是现代世界总体化的内在动力，只有到了现代这样一个世界历史时代，总体的时代概念和历史概念才是现实的。也就是说，马克思主义的总体性理论和总体性思维方式之所以成为可能，恰恰是现代历史发展的产物。第三，这是将实践中

① 卢卡奇．历史与阶级意识．北京：商务印书馆，1999：59.

的问题非反思地追溯到理论，将专制主义和集权主义与观念直接地对应起来，看不到具体历史中的偶然性、特殊性因素，看不到思想与实践之间多元的复杂过程，把实践简单还原到思想，这是一种唯心主义立场。第四，这是启蒙开启的主体性诉求在当代现实中破灭后引发的对人类理性认识和自我创造能力的质疑。事实上，没有对现代历史总体性的把握，就会迷失在散乱无序的差异和多元之中找不到联系，“现代”就会成为无法把握的“自在之物”被推进无边的黑暗，甚至会被批判为一个没有方法论意义的总体性概念抽象。所以，需要批判抽象的总体性或同一性思维，但不应该以抽象具体反对抽象总体。马克思主义的总体性思维方式是与实事求是、历史分析法相联系的辩证的总体性方法，是具体与总体的辩证统一。

马克思主义强调实事求是，强调用联系和发展的眼光看待和理解问题。因此，马克思主义的总体性思维方式根本不是形而上学的抽象同一性，也不是各个部分和要素的简单相加和综合，而是要求在社会历史运动的总体联系和总体过程中把握事物，因此总能够穿透事物的本质，预见历史的发展趋势，形成对现实的宏观把握，成为引领现实的强大思想。像我们这样一个拥有 8 000 多万党员的大党，在这样一个历史悠久、人口众多、幅员辽阔的大国建设社会主义，实现民族的伟大复兴，没有高瞻远瞩、总揽全局、运筹帷幄的总体性思维方式，是不可能取得成功的。习近平指出：“我们党在中国这样一个有着 13 亿人口的大国执政，面对着十分复杂的国内外环境，肩负着繁重的执政使命，如果缺乏理论思维的有力支撑，是难以战胜各种风险和困难的，也是难以不断前进的。党的各级领导干部特别是高级干部，要原原本本学习和研读经典著作，努力把马克思主义哲学作为自己的看家本领，坚定理想信念，坚持正确政治方向，提高战略思维能力、综合决策能力、驾驭全局能力，团结带领人民不断书写改革开放历史新篇章。”习近平总书记在这里强调的就是马克思主义辩证的总体性思维方式。只有坚持和有效地运用这种高超的思维艺术，才可能做到“治大国若烹小鲜”。只有坚持这样的总体性思维方式，才能在人类历史发展的宏观视野中把握新时代中国特色社会主义的历史方位和历史意义，得出符合实际的客观判断：“中国特色社会主义进入新时代，在中华人民共和国发展史上、中华民族发展史上具有重大意义，在世界社会主义发展史上、人类社会发展史上也具有重大意义。全党要坚定信心、奋发有为，让中国特色社会主义展现出更加强大的生命力！”①

① 党的十九大文件汇编．北京：党建读物出版社，2017：9.

十、

“强起来”推动理论创新：在新世纪将马克思主义推向新的高度

在前面的各章，我们阐释了中华民族伟大复兴的过程中，马克思主义始终是强大的精神力量和思想武器。不仅过去的“站起来”和“富起来”是在马克思主义的指导之下得以实现的，而且步入新时代的中国，也就是从“富起来”走向“强起来”的中国，在建设富强、民主、文明、和谐、美丽的社会主义现代化强国过程中，仍然要并且更加需要坚持马克思主义的指导。只有坚持马克思主义在各项建设事业中的指导地位，坚持中国化的马克思主义方向，中华民族伟大复兴的事业才能够顺利实现。理论和实践总是相辅相成的。正确的理论是指导实践的旗帜，而丰富的实践是检验理论和发展理论的土壤。正像党的十九大报告中指出的那样：“时代是思想之母，实践是理论之源。只要我们善于聆听时代声音，勇于坚持真理、修正错误，二十一世纪中国的马克思主义一定能够展现出更强大、更有说服力的真理力量!”① 我们不做教条主义的马克思主义者。在坚持用马克思主义基本立场、观点和方法指导实践的同时，丰富和发展马克思主义，赋予马克思主义新的时代形象，将马克思主义提升到一种新的历史高度，这是马克思主义中国化的题中应有之义。“强起来”的中国将在马克思主义中国化和当代化中发挥巨大的作用，为马克思主义和社会主义的发展做出重要贡献。作为21世纪中国马克思主义，习近平新时代中国特色社会主义思想将把马克思主义推进到新的历史阶段。这里，我们将结合习近平新时代中国特色社会主义思想，阐释21世纪中国马克思主义对马克思主义理论的创新与发展。

（一）习近平新时代中国特色社会主义思想提出构建人类命运共同体，这是21世纪马克思主义的重要命题，赋予了“人的自由全面发展”这一宗旨新的时代内涵

构建人类命运共同体突出了马克思主义经典作家那里隐含

① 党的十九大文件汇编．北京：党建读物出版社，2017：18.

在阶级话语中的人类总体立场，将对人类总体命运的担当直接确立为当代马克思主义的使命。

我们知道，现代被称为主体性的时代、人本论的时代。作为主体的人的解放是现代概念的基本内涵。然而，现代解放理论中的主体是抽象的同一性主体，亦即以个体的抽象权利为核心的原子个人。主体的解放指的是个体获得不受其社会关系和身份地位限制的抽象权利。现代政治哲学中的天赋人权论、经济学中的经济人假说和哲学中的自我意识都是现代主体性的理论表达。马克思从理论上批判了这种抽象主体性解放的观念，通过生产关系的分析揭示了人与人之间的现实分化和对立。阶级分析和阶级解放成为马克思主义理论的基本内容。马克思批判现代解放只是政治解放，而不是全部生活领域的解放，只是有产者上升为统治者、获得统治地位的解放，而不是所有人获得解放。马克思构想的人类解放是以无产阶级解放的形式实现的人类总体性解放，不仅是所有人获得解放，而且是所有生活领域都获得解放。正是在这个意义上，马克思主义是无产阶级的解放理论，同时是以阶级解放的方式实现人类总体性解放的理论。

也就是说，马克思主义无产阶级解放的理论宗旨并不只是无产阶级本身的解放，更不是说无产阶级剥夺剥夺者之后成为新的剥夺者。阶级解放的使命是消除阶级存在和阶级统治的社会历史条件，因此是要建立一个没有了剥削和压迫的人类共同体，即马克思说的自由人的联合体。马克思主义的阶级解放理论实际上就是人类总体性解放、实现人类自由联合体的共同体理论。马克思的阶级立场本身就体现了人类总体的立场。用马克思的阶级立场否定马克思的人类立场，或者相反，用人类立场否定马克思的阶级立场，陷入非此即彼的对立，都不是真正的马克思主义。无产阶级不能解放它自身，就不能解放全人类。同样，无产阶级不能解放全人类，就不能解放它自身。这是一个辩证统一的历史过程。马克思从阶级分析的角度批判资本主义生产方式，揭示了阶级剥削和阶级压迫，这绝不意味着马克思的理论只是一种关于阶级解放的理论，不具有一般的人类解放意义。从一种与人类解放对立的狭隘阶级立场出发，根本不能理解马克思主义理论的人类指向，不能理解马克思主义那种解放全人类的历史使命和历史责任，不能在更加广阔的意义上理解马克思资本批判的一般意义。

今天看来，以资本主义生产方式为基础的现代文明发展遭遇了前所未有的困境。这个困境不仅是指无产阶级受到剥削，而且是指人类生存本身难以维系。阶级之间的矛盾、国家之间的矛盾、社会与自然之间的矛盾，都与资本主义生产方式及其规定的文明形态存在直接关系。资本对自然资源的攫取和利用促进了社会生产发展，也带来了人类生存危机。人类日益成为利益攸关的命运共同体，人类生存面临着前所未有的危机和挑战。在这样的历史条件下，构建人类命运共同体成为当今时代的根本主题和决定人类未来的根本任务。习近平新时代中国特色社会主义思想中的这一重要命题，在传统马克思主义阶级叙事的基础上突出了人类的总体立场，创新了马克思主义的理论表述，具有重要的理论意义。这一命题切中了当今时代的基本主题，能够将更多的社会实践纳入马克思主义的理论视域中，同时与一些非马克思主义的理论视角展开批判性的对话，使马克思主义与时代同行并且能够引领时代的发展，展现了马克思主义理论的当代意义和历史担当。

结合当今现实，构建人类命运共同体思想将实现人的自由全面发展与维系人类生存的救亡使命结合起来，真正抓住了当代人类面临的根本问题，明确了马克思主义在 21 世纪的新使命。在资本主义高速发展的今天，不仅阶级之间的剥削与被剥削的关系没有得到解决，阶级阶层之间的贫富分化没有得到解决，人类还遭遇了新的困境和挑战，人类已经抵达了生存的自然底线和社会底线。自然偶然性导致的人类毁灭和人类实践导致的自我毁灭的双重可能性并存，人类第一次从根本上面对着自身总体毁灭的可能性①。在这样的时代处境中，追求实现人的自由全面发展的更好社会，必须以人类社会能够生存下去为基本前提。这就要求在追求自由发展的同时，将维系人类生存和共建美好家园作为基本使命。构建人类命运共同体思想真正抓住了当今时代的这一根本主题，因此能够成为引领社会历史发展的根本理念。

习近平总书记多次谈到过人类的军事安全危机、自然环境危机，以及人类生存面临的挑战。正是面对这些共同挑战，构建人类命运共同体才成为时代的根本要求，成为实践的根本使命。提出这一命题，使马克思主义理论具有了鲜明的时代特色，能够在当代社会历史发展中发挥根本的引领作用。我们应该辩

① 罗骞．面对存在与超越实存——历史唯物主义的当代阐释．北京：人民出版社，2014：206.

证地理解这一命题与马克思解放话语之间的内在联系，充分地挖掘这一命题对马克思主义理论和实践空间的拓展。我们不能将这一思想同马克思主义实现人的自由全面发展的解放理论对立起来。构建人类命运共同体思想，是在新的历史条件下对马克思主义的发展，充分体现了马克思主义强烈的现实关怀和历史担当意识。正像习近平总书记在党的十九大报告中指出的那样："中国共产党是为中国人民谋幸福的政党，也是为人类进步事业而奋斗的政党。中国共产党始终把为人类作出新的更大的贡献作为自己的使命。"① 努力构建人类命运共同体就是中国共产党对人类进步事业的奉献，就是中国共产党人对马克思主义的创新发展。

（二）通过实现中华民族伟大复兴推进人类的进步发展事业，马克思主义的人类解放命题在中国化的过程中获得了民族国家的具体实现形式

马克思主义不是脱离时代的抽象理论，面对当代人类社会面临的共同困境和难题，构建人类命运共同体成为时代的强音，是 21 世纪中国马克思主义为促进当代人类发展提出的基本理念，也是马克思主义为自己提出的历史使命。同样，马克思主义也不是脱离国家和民族的抽象人类理论。构建人类命运

① 党的十九大文件汇编．北京：党建读物出版社，2017：39.

共同体的命题，离开了具体的民族国家依托，离开了民族发展事业，就只是一种空洞的抽象理论。所以，习近平新时代中国特色社会主义思想的另一个主题就是在构建人类命运共同体的同时，铸牢中华民族的民族共同体，加强民族团结，实现中华民族伟大复兴的中国梦。“中国共产党人的初心和使命，就是为中国人民谋幸福，为中华民族谋复兴。这个初心和使命是激励中国共产党人不断前进的根本动力。”① 为此，就必须“深化民族团结进步教育，铸牢中华民族共同体意识，加强各民族交往交流交融，促进各民族像石榴籽一样紧紧抱在一起”②。实现中华民族伟大复兴是 21 世纪中国马克思主义的根本旗帜。

中国共产党是一个用马克思主义武装起来的政党。马克思主义是中国共产党强大的思想武器。实现民族民主革命、挽救民族存亡是中国共产党的现实使命，是中国共产党的初心。用毛泽东的话说，中国革命和中国现实才是我们的“的”，是我们的任务，马克思主义是我们“矢”，是我们强大的理论武器。中国共产党从诞生之日起就同中华民族的历史命运联系在一起。1922 年党的二大制定了党的最高纲领和最低纲领。党的最低纲领是党在民主革命阶段的纲领，基本的目标是消除内乱，打倒军阀，建立国内和平，推翻国际帝国主义的压迫，达到中华民族的完全独立，统一中国为真正的民主共和国。然后再进一步创造条件，建立工农专政的政治，铲除私有财产制度，渐次达到共产主义社会。这是中国近代史上第一个彻底的

① 党的十九大文件汇编．北京：党建读物出版社，2017：1.

② 同①27.

反帝反封建的民主革命纲领，明确了中国共产党的初心和使命。最低纲领就是实现中华民族伟大复兴的行动纲领。在这一纲领的指引下，中国革命、建设和改革的历史波澜壮阔，经历了从“站起来”到“富起来”，再到“强起来”的伟大过程。今天，在中国从“富起来”走向“强起来”的历史关键点上，习近平新时代中国特色社会主义思想以实现中华民族伟大复兴的中国梦凝聚民族意志，吹响了中华民族伟大复兴的号角，是对马克思主义中国化历史使命的新的表达，具有深远的历史影响。

这里我们要澄清一种错误看法，即好像实现中华民族的伟大复兴是中国自己内部的事，与马克思主义没有任何关系。在片面的、教条化的马克思主义者看来，实现中华民族伟大复兴是一个民族主义的命题，与马克思主义的原则相矛盾，因为马克思主义主张的是国际主义，马克思主义强调的是国际联合，甚至是消灭民族国家的界限。这是一种对马克思主义的根本误解。它把马克思主义放到了民族国家的对立面。马克思主义创始人从来没有抽象地否定民族国家立场，没有反对民族国家的解放任务。在经典作家看来，只有民族国家实现了自由解放，并且将民族国家的解放事业与人类进步事业联系在一起的时候，人类解放、国际主义才有现实意义。恩格斯在《共产党宣言》的意大利文版序言中明确指出，没有民族国家的独立和统一，就既不可能有无产阶级的国际联合，也不可能有各民族为达到共同目的而必须实行的和睦的与自觉的合作①。民族立场

---

① 马克思，恩格斯．马克思恩格斯选集：第 1 卷．北京：人民出版社，1995：269.

与人类的整体立场并不是对立的，只有狭隘的民族主义才同总体性的人类立场相矛盾。同样，只有抽象的国际主义者才坚持反对民族国家的立场。

在认同中华民族伟大复兴的当代思潮中，的确存在一种狭隘民族主义与文化保守主义结合的趋势。这种思潮迷恋中国的传统文化，试图将它作为现代文明的批判者和超越者。它所谓的中华民族的伟大复兴是一种民族的复古主义，而不是在现代基础上对现代的超越。正是在这个意义上，它的排外立场不仅把马克思主义当作外来者排斥，而且否定马克思主义批判和超越现代资本主义的未来方向。的确，中华传统文化中具有某些可以克服现代资本主义局限的因素，但这些因素不可能从自身内部被有效地转化出来，需要外在因素的激活，需要一种走向未来、超越现代的历史视角。对此，马克思主义具有难以超越的理论优势。把中华民族的伟大复兴同反思现代资本主义的马克思主义有机地熔铸在一起，以民族复兴的形式承担起推动人类进步事业的责任，是马克思主义中国化的重要成果。马克思主义为我们民族复兴提供了强大的精神武器，而中华民族的伟大复兴为马克思主义的创新发展提供了实现的土壤。应该坚决地批评将中华民族的伟大复兴与马克思主义对立起来的观点，在中国“强起来”的伟大实践中创新和发展马克思主义。唯有如此，我们才能提升当代中国建设实践的分量，才能使中华民族的伟大复兴具有开创未来的世界性历史意义。

中国革命曾经为广大的亚非拉国家提供了成功的榜样，有力地支援了它们的民族独立运动；改革开放的伟大实践也为广大发展中国家提供了走向现代化的特殊借鉴，中国道路、中国理论、中国制度和中国文化产生着越来越大的全球性影响。这些中华民族伟大复兴过程中的经验，是与中国特色社会主义联系在一起的，是与中国化马克思主义联系在一起的，它们本身内在于中国化马克思主义理论。实现中华民族的伟大复兴本身是中国化马克思主义的历史使命。它不仅在一般的方法论层面指明了马克思主义的发展有一个民族化过程，强调马克思主义与民族国家使命的结合，而且提供了一些可供借鉴的丰富经验。将马克思主义与民族国家发展事业有机地结合起来，将成为21世纪发展马克思主义的一条根本道路。这是一条现实主义的马克思主义道路，意味着对马克思主义实现模式和发展道路的创新。

（三）构建人类命运共同体和铸牢中华民族共同体，将马克思主义推进到和平发展的新历史时期，丰富了马克思主义和平时期的社会建设理论

构建人类命运共同体是21世纪马克思主义的根本命题，坚持中国特色社会主义道路，实现中华民族伟大复兴的中国梦是中国化马克思主义的根本使命。构建人类命运共同体和铸牢中华民族共同体，分别从人类社会和民族国家内部两个不同方

面提出了 21 世纪中国马克思主义的时代使命。依托中国共产党的执政地位及其越来越大的国际影响力，这两个新命题的提出，意味着以建构性方式实现马克思主义的根本宗旨，使马克思主义理论从过去侧重于战争与革命的理论转向了和平与发展的社会建设理论和社会治理理论。这是在新的历史条件下对马克思主义的重要发展。它们弥补了经典作家关于社会主义建设理论的不足，为马克思主义的社会建设理论奠定了基础，形成了一种建构性的马克思主义。建构性马克思主义的形成和完善，将对 21 世纪马克思主义的发展产生广泛影响。

我们知道，马克思主义是一种革命性与科学性统一的理论。马克思主义的创始人主张用暴力革命的方式推翻资本主义的统治，实现人类的总体性解放。这在马克思主义的阐释史上产生了两种立场对立但观点一致的看法，它们都一致认为马克思主义只是一种激进的革命理论。一种是马克思主义内部的观点，这种观点颂扬和肯定马克思主义革命理论，主张只有革命的方法才能够推翻资本主义，实现共产主义；认为马克思主义没有关于社会主义建设的理论，也没有提出一种可能以和平的方式走向未来共产主义的理论。另一种观点也认为马克思主义只是革命理论，但它不是坚持而是批判马克思主义的革命性；认为马克思主义革命理论过时了，批判马克思主义是教条的革命论者。在这些马克思主义的反对者那里，革命成了专制、暴力、野蛮、非理性、嗜血的代名词。对革命的批判打着"人道""文明"的旗号，马克思主义被诬蔑和歪曲为反人类的理论。马克思主义是一种教条的革命理论吗？在马克思主义理论中不能发展出一种渐进的和平建设理论吗？如何看待马克思主义的革命理论、如何看待今天的建设实践与革命理论之间的关系事关根本。

首先，马克思主义的经典作家主张革命，但根本不是所谓的唯暴力革命论者。将马克思主义理论看成一种唯暴力革命论，不是一种理论误解就是一种故意歪曲。我们只要认真地读一读经典作家们的著作就不难发现，他们的著作中从来不缺乏对于和平道路的肯定，他们从来不抽象地否定和平发展道路的可能性。这一点在经常被引证的《卡·马克思〈1848 年至

1850年的法兰西阶级斗争〉一书导言》中十分明显。在那里，恩格斯根据形势的发展肯定了合法斗争的意义，说“我们是‘革命者’、‘颠覆者’，但是我们用合法手段却比用不合法手段和用颠覆的办法获得的成就要多得多”[①]。在恩格斯看来，马克思同样没有将和平手段和非和平手段看成非此即彼的关系。他说，马克思通过毕生研究得出了“英国是惟一可以完全通过和平的和合法的手段来实现不可避免的社会革命的国家”[②] 的结论。在这里，和平手段和社会革命并不是对立的。列宁给人推崇暴力革命的强烈印象，但事实上，在十月革命前不久发表的《革命的任务》一文中，他还在讨论革命和平发展的必要性和可能性问题。列宁说：“我们的任务是帮助人们尽一切可能不放过革命和平发展的‘最后’一个机会，帮助的办法就是解释我们的纲领，说明它的全民性质，说明它是绝对符合大多数居民的利益和要求的。”[③] 到了最后时刻，列宁还在考虑如何根据形势运用和平方式“保证政权由一个政党和平地转到另一个政党手里”[④]。只是当时形势的发展才使起义提上了日程。显而易见，这里根本没有革命道路与和平道路的绝对对立，更没有说革命就是暴力。

其次，马克思主义也没有将革命理论和建设理论根本地对

---

① 马克思，恩格斯．马克思恩格斯选集：第4卷．北京：人民出版社，1995：524.

② 马克思，恩格斯．马克思恩格斯全集：第44卷．北京：人民出版社，2001：35.

③ 列宁．列宁选集：第3卷．北京：人民出版社，1995：223.

④ 同③231.

立起来。只是由于社会历史条件的限制，马克思主义创立的时候，还没有掌握政权的无产阶级政党，没有社会主义建设的实践，因此社会建设和社会治理没有成为他们理论关注的重点。他们更多地强调革命，创造建设社会主义的历史条件。马克思曾经说过："在将来某个特定的时刻应该做些什么，应该马上做些什么，这当然完全取决于人们将不得不在其中活动的那个既定的历史环境。"① 在马克思看来，没有厨房和食材的人，抽象地讨论菜谱，意义是不大的。我们不能苛求经典作家解答他们没有面临的社会历史问题，更不能因此把马克思主义只看成一种革命理论，与建设理论对立起来。毛泽东就说过，我们不但要善于打破旧世界，还要善于建设一个新世界。打破旧世界只是前提，只是手段，建立一个新世界才是目的。只是在革命成功之前，和平的社会建设没有成为现实的任务罢了。没有一种理论只是为了革命而革命的。新中国成立之初，有一些人认为共产党是革命政党，善于打天下，而不能治理天下。历史已经给出了雄辩的回答。中国化马克思主义不仅是一种革命时期的马克思主义，而且是一种和平建设时期的马克思主义，是一种能够通过有效的社会治理实现革命理想、推动社会全面发展的马克思主义。

最后，改革也是一场革命。为了拨乱反正，打破教条主义的革命论，邓小平以改革也是一场革命的命题，高屋建瓴地将革命理论与建设理论联系起来，实现了对马克思主义革命理论

---

① 马克思，恩格斯．马克思恩格斯选集：第 4 卷．北京：人民出版社，1995：643.

的创造性转换。邓小平指出“改革是中国的第二次革命”①，改革和革命一样是解放生产力和发展生产力。“改革的性质同过去的革命一样，也是为了扫除发展社会生产力的障碍，使中国摆脱贫穷落后的状态。从这个意义上说，改革也可以叫革命性的变革。”② 新中国成立以后，尤其是改革开放以来，执政的中国共产党结合在世界人口最多的国家执政这一最大实际，创新了马克思主义理论。中国特色社会主义理论和作为其组成部分的习近平新时代中国特色社会主义思想，就是一种和平发展时期建设性的马克思主义。不能将革命和建设抽象地对立起来。

构建人类命运共同体和铸牢民族命运共同体的理论充分体现了 21 世纪中国马克思主义的建构性特征。它要求我们以一种发展的眼光看待马克思主义，看待马克思主义革命理论与建设理论之间的辩证关系。割裂了革命理论与建设理论之间的关系，就看不到这些理论的巨大历史意义。将马克思主义仅仅看成革命的理论，以革命立场否定建构性发展，或者从当代建构性实践出发否定革命理论，都不是历史唯物主义的辩证立场。像习近平总书记指出的那样，实践没有止境，理论创新也没有止境。世界每时每刻都在发生变化，中国也每时每刻都在发生变化，我们必须在理论上跟上时代，不断认识规律，不断推进理论创新、实践创新、制度创新、文化创新以及其他各方面创新。习近平新时代中国特色社会主义思想将革命的马克思主义提升到了一个和平建设的历史阶段，是马克思主义在 21 世纪的新形态。

---

① 邓小平．邓小平文选：第 3 卷．北京：人民出版社，1993：113.

② 同①135.

（四）"强起来"的中国重新激发了马克思主义创造历史的主体性精神，将革命精神发展成为和平建设实践中强大的精神力量，为人类的进步事业做出贡献

在周恩来总理诞辰120周年座谈会上的讲话中，习近平总书记讲道："革命理想高于天。理想信念是中国共产党人的政治灵魂。中国共产党能够历经挫折而不断奋起，历尽苦难而淬火成钢，归根到底在于千千万万中国共产党人心中的远大理想和革命信念始终坚定执着，始终闪耀着火热的光芒。我们要向周恩来同志学习，不要忘记我们是共产党人，不要忘记我们是革命者，任何时候都不要丧失理想信念。理想信念决定着我们的方向和立场，也决定着我们的言论和行动。"① 习近平总书记多次强调，我们是革命者，我们要不忘初心，要继承革命主义精神。可以说，高扬马克思主义革命主体性精神是习近平新时代中国特色社会主义思想的鲜明特征。习近平新时代中国特色社会主义思想在新的历史条件下将马克思主义革命主体性精神提升到了新的历史高度，将革命的主体性有效转换成了建设

① 习近平．在纪念周恩来同志诞辰120周年座谈会上的讲话．人民日报，2018-03-02.

中国特色社会主义的强大精神动力。可以说，在“强起来”的中国，这种强烈的社会责任感和历史使命感，再次使马克思主义的主体性精神焕发出强大的活力。通过建构性的实践实现改变历史的使命，这是革命精神在新的历史条件下的发展。

马克思主义不仅是一种解释世界的理论，而且是一种改变世界的理论。马克思主义将历史看成人类追求自己目的的活动，是人类在生存实践中在改变客观世界的同时改变主观世界的能动过程。历史唯物主义反对将历史看成机械的宿命论过程，突出主体性思想，不仅将历史研究而且将历史过程看成主客体相互作用的辩证展开过程。人作为历史的主体被看成自我实现的目的和自我发展的动力。历史是人作为主体参与、介入和变革现实的过程。历史唯物主义的历史概念突出地强调改变现实的社会责任感和历史担当意识，充满了强烈的实践主体性精神。历史不像自然界那样是自发的因果必然性过程，而是主观能动性和客观制约性相互作用的辩证过程。以这种主体性的历史观为基础，通过批判现代资本主义制度，揭示现代解放的历史局限性，马克思主义将推翻资本主义生产方式、实现人类的自由全面发展作为根本的宗旨。马克思主义是一种充满着推动社会历史发展的主体性精神的理论。革命主体性精神是马克思主义最为重要的精神遗产。革命主体性精神并不是说一定要从事革命运动，一定要上阵杀敌，一定要从事推翻现有政权的运动，而是指一种积极地改变历史、推动社会进步的能动精神，是强烈的社会责任感和历史使命感，是朝气蓬勃、勇往直前的实践意志，是追求自由和美好生活的担当意识。在马克思主义革命理论和革命精神的指引下，人类历史发生了翻天覆地的变化。马克思主义本身已经成为当代人类历史发展的内在因素。尤其是马克思主义这种革命的主体性精神，曾经是推动历史发展和社会进步的强大动力。

当然，历史前进的过程并不是一帆风顺的，它总存在起伏和波折。面对20世纪两次世界大战等一系列历史的灾难，20世纪中后期产生了一种浓烈的悲观主义思想，它否定人类改变历史的主体性精神，否定革命。在这样的思想氛围中，理论的任务不再被看成指导实践，理论被看成思想内部的一种游戏、一种讲故事的话语和叙事。20世纪六七十年代以来，改变社会历史的主体性精神遭受了巨大打击，变革社会历史的能动意识受到许多人的嘲弄，犬儒主义和虚无主义盛行。马克思主义和社会主义的革命主体性精神受到了普遍的批判和质疑。到了80年代末90年代初，发生了苏东剧变这样影响深远的社会历史事件。主张超越资本主义和开创未来的马克思主义遭遇重创，“历史终结论”再度走红。“历史终结论”者认为，超越现代资本主义的马克思主义和社会主义彻底失败了，现代资本主义和自由民主制度是人类历史的终结，人类没有可能也没有必要改变现代资本主义，革命的主体性精神不过是人理性的狂妄。在这样一系列历史事件的冲击性下，马克思主义和社会主义陷入了低潮。人类变革历史、自我创造和自我展开的革命主体意识和主体性精神衰退了。改变现实、开创未来失去了吸引力，人们对于未来失去了期待，也失去了创造未来的激情和担当。悲观主义、犬儒主义、实用主义和虚无主义的情绪到处蔓延。

进入新世纪尤其是 2008 年的全球金融危机爆发以来，世界历史状况发生了新的变化，马克思主义和社会主义思潮在西方世界出现了复兴的趋势。一方面，发达国家面临的各种社会矛盾和社会危机出现了集中爆发的局面，资本主义批判和改变现实的思想再次引起了广泛兴趣，而且出现了理论与实践相结合的趋势；另一方面，以马克思主义为指导的中国特色社会主义道路的成功，让人们看到了马克思主义的多种形象，看到了社会建设实践中马克思主义理论的强大生命力。中国共产党以革命的主体性精神从事推动中国社会和人类发展的伟大事业，无论是实现中华民族伟大复兴的中国梦，还是实现构建人类命运共同体的思想，都体现了强烈的革命主体性精神。“中华民族是历经磨难、不屈不挠的伟大民族，中国人民是勤劳勇敢、自强不息的伟大人民，中国共产党是敢于斗争、敢于胜利的伟大政党。历史车轮滚滚向前，时代潮流浩浩荡荡。历史只会眷顾坚定者、奋进者、搏击者，而不会等待犹豫者、懈怠者、畏难者。全党一定要保持艰苦奋斗、戒骄戒躁的作风，以时不我待、只争朝夕的精神，奋力走好新时代的长征路。”① 可以说，习近平新时代中国特色社会主义思想在新的历史阶段体现了马克思主义革命的主体性精神，是和平条件下发扬革命主体性精神的生动体现。

在当代人类遭遇的各种困境和社会历史迅猛发展的条件下，这种主体性精神和意志将发挥巨大的作用，使马克思主义

---

① 党的十九大文件汇编．北京：党建读物出版社，2017：47.

在非革命的条件下参与和推动人类的进步事业。创造历史的主体性精神和担当意识将成为21世纪马克思主义的鲜明特征。那种沉寂了多年的激情和意志再一次在新的历史条件和思想语境中被激发出来，成为人类走向未来的希望。正像习近平总书记在达沃斯论坛上指出的那样："人类文明进步历程从来没有平坦的大道可走，人类就是在同困难的斗争中前进的。再大的困难，都不可能阻挡人类前行的步伐。遇到了困难，不要埋怨自己，不要指责他人，不要放弃信心，不要逃避责任，而是要一起来战胜困难。历史是勇敢者创造的。让我们拿出信心、采取行动，携手向着未来前进！"① 习近平新时代中国特色社会主义思想就是革命主体性精神的生动体现。它不仅将凝聚磅礴之力，以坚定的意志实现中华民族的伟大复兴，而且也将唤醒人们的担当意识和历史责任感，形成构建人类命运共同体的共同意志，成为推动人类进步事业的强大精神动力！

---

① 习近平．共担时代责任 共促全球发展——在世界经济论坛2017年年会开幕式上的主旨演讲．人民日报，2017-01-18.

参考文献

马克思，恩格斯．马克思恩格斯选集：第1卷．北京：人民出版社，1995.

马克思，恩格斯．马克思恩格斯选集：第3卷．北京：人民出版社，1995.

马克思，恩格斯．马克思恩格斯文集：第1卷．北京：人民出版社，2009.

马克思，恩格斯．马克思恩格斯文集：第2卷．北京：人民出版社，2009.

马克思，恩格斯．马克思恩格斯文集：第3卷．北京：人民出版社，2009.

马克思，恩格斯．马克思恩格斯文集：第10卷．北京：人民出版社，2009.

马克思，恩格斯．马克思恩格斯全集：第23卷．北京：人民出版社，1972.

马克思，恩格斯．马克思恩格斯全集：第 25 卷．北京：人民出版社，1972.

马克思，恩格斯．马克思恩格斯全集：第 30 卷．北京：人民出版社，1995.

马克思，恩格斯．马克思恩格斯全集：第 31 卷．北京：人民出版社，1998.

马克思，恩格斯．马克思恩格斯全集：第 35 卷．北京：人民出版社，1971.

马克思，恩格斯．马克思恩格斯全集：第 44 卷．北京：人民出版社，2001.

马克思，恩格斯．马克思恩格斯全集：第 46 卷．北京：人民出版社，2003.

列宁．列宁选集：第 1 卷．北京：人民出版社，1995.

列宁．列宁选集：第 2 卷．北京：人民出版社，1995.

列宁．列宁选集：第 3 卷．北京：人民出版社，1995.

列宁．列宁选集：第 4 卷．北京：人民出版社，1995.

列宁．列宁专题文集．北京：人民出版社，2009.

列宁．列宁全集：第 26 卷．北京：人民出版社，1990.

列宁．列宁全集：第 32 卷．北京：人民出版社，1958.

列宁．列宁全集：第 37 卷．北京：人民出版社，1986.

列宁．列宁全集：第 42 卷．北京：人民出版社，1987.

毛泽东．毛泽东选集：第 1 卷．北京：人民出版社，1991.

毛泽东．毛泽东选集：第 2 卷．北京：人民出版社，1991.

毛泽东．毛泽东选集：第 3 卷．北京：人民出版社，1991.

毛泽东．毛泽东选集：第4卷．北京：人民出版社，1991.

毛泽东．毛泽东文集：第7卷．北京：人民出版社，1999.

邓小平．邓小平文选：第3卷．北京：人民出版社，1993.

邓小平．邓小平文选：第2卷．北京：人民出版社，1994.

邓小平．关于修改党的章程的报告．北京：人民出版社，1956.

党的十九大文件汇编．北京：党建读物出版社，2017.

习近平．在庆祝中国共产党成立95周年大会上的讲话．北京：人民出版社，2016.

习近平．习近平谈治国理政．北京：外文出版社，2014.

中共中央宣传部．习近平总书记系列重要讲话读本．北京：学习出版社，人民出版社，2014.

中共中央宣传部．习近平总书记系列重要讲话读本．北京：学习出版社，人民出版社，2016.

习近平．在纪念毛泽东同志诞辰120周年座谈会上的讲话．北京：人民出版社，2013.

习近平．改革开放30年党的建设回顾与总结．学习时报，2008-09-08.

习近平．共担时代责任　共促全球发展——在世界经济论坛2017年年会开幕式上的主旨演讲．人民日报，2017-01-18.

黑格尔．历史哲学．上海：上海世纪出版集团，2006.

普列汉诺夫哲学著作选集：第2卷．北京：三联书店，1961.

卢卡奇．历史与阶级意识．北京：商务印书馆，1999.

萨特．辩证理性批判：上卷．合肥：安徽文艺出版社，1998.

康芒斯．制度经济学：上卷．北京：商务印书馆，1962.

特里·伊格尔顿．后现代主义的幻象．北京：商务印书馆，2000.

中国社科院近代史研究所．五四运动文选．北京：三联书店，1959.

鲁迅．且介亭杂文．北京：人民文学出版社，1973.

肖前．马克思主义哲学原理：上册．北京：中国人民大学出版社，1994.

陈学明，中国正道．北京：人民出版社，2015.

郝立新，臧峰宇．历史唯物主义党员干部读本．北京：人民出版社，2014.

罗骞．论马克思的现代性批判及其当代意义．上海：上海人民出版社，2007.

罗骞．面对存在与超越实存——历史唯物主义的当代阐释．北京：人民出版社，2014.

韩庆祥．现代性的本质：矛盾及其时空分析．中国社会科学，2016（2）.

冯平，等．“复杂现代性”框架下的核心价值建构．中国社会科学，2013（7）.

汪行福．复杂现代性与思想解放．学术界，2015（10）.

裴泽庆．构建以马克思主义政党为坚强领导核心的政治关系．中国井冈山干部学院学报，2017（1）.

张晓明．中国共产党执政合法性是基于大势所趋基础上的人心所向．广西社会科学，2015（12）．

马歇尔．公民身份与社会阶级//郭忠华，刘训练．公民身份与社会阶级．南京：江苏人民出版社，2007.

白刚，等．“超现代性”的现代性——马克思的现代性追求．理论与探索，2015（5）．

张明．西方现代性困境与中国道路的理论前景．毛泽东邓小平理论研究，2016（2）．

郗戈．马克思资本主义批判与现代性的“内在超越”问题．高校理论战线，2012（5）．

武力．中国计划经济的重新审视与评价．当代中国史研究，2003（4）．

后　记

中国人民大学出版社为纪念马克思诞辰200周年，约请我撰写《马克思与当代中国》一书。尽管手头上的写作任务很多，我还是愉快地接受了下来，并且按照他们的要求，及时地把书稿交给了他们。

“马克思与当代中国”这个题目太大了，必须找到一个好的角度切入。我们找到的角度就是：中国要“强起来”为什么更需要马克思主义的指引。也就是说，论述马克思主义与中国“强起来”的内在联系。

历史已经证明，马克思主义与中国具体实践相结合改变了近代以来中国的历史，不仅让中国“站起来”，而且让中国“富起来”。马克思主义在中国革命、建设和改革中的指引作用，是无法否认的历史事实。

现在，中国站到了实现“强起来”的新的历史起点上，迎来了从“富起来”到“强起来”的伟大飞跃。

那么，中国要“强起来”是否继续需要马克思主义的指引？中国人民在走向“强起来”的征途上是否需要更高地举起马克思主义的旗帜？从“站起来”“富起来”到“强起来”的过程，是马克思主义在中国不断弱化还是日益强化的过程？马克思主义的哪些方面是指引我们“强起来”的强大思想武器？这正是当今的中国人民必须认真加以回答的。

我们认为，能否运用马克思主义对什么是“强起来”做出正确的理解，能否运用马克思主义对究竟如何“强起来”做出正确的指导，能否通过马克思主义的中国化来实现中国的“强起来”，直接涉及中国能否实现以习近平同志为核心的党中央为中国人民所绘制的宏伟蓝图。

我们这本小册子力图对此做出研究。虽然我们知道，我们的研究肯定是初步的，甚至是肤浅的，但我们的这一研究方向不会错。

这本小册子是与我的两个学生罗骞与姜国敏共同完成的。在我确立了主题后，罗骞与我一起拟订了详细的写作提纲。罗骞撰写了书的序言和第一、二、四、七、九、十部分，姜国敏撰写了书的第五、八部分，第三、六部分是由本人撰写的。在此，向罗骞和姜国敏表示衷心的感谢！

对我们来说，在马克思诞辰 200 周年之际，以这样一个主题撰写这样一本书来纪念他，是一项崇高的使命。我们都是马克思主义的信奉者、研究者，我们为能够承担这一使命而深感荣幸。我们怀着崇敬的心情撰写了这一本书，我们也怀着真诚的心情欢迎读者对本书提出建议与批评。

陈学明

2018 年 4 月 7 日

图书在版编目（CIP）数据

马克思与当代中国 / 陈学明等著 .—北京：中国人民大学出版社，2018.5
（“走近马克思”小丛书）
ISBN 978-7-300-25769-3

Ⅰ.①马… Ⅱ.①陈… Ⅲ.①马克思主义-发展-研究-中国 Ⅳ.①D61

中国版本图书馆 CIP 数据核字（2018）第 082054 号

北京市社会科学理论著作出版基金重点资助项目
“走近马克思”小丛书
马克思与当代中国
陈学明 等 著
Makesi yu Dangdai Zhongguo

出版发行	中国人民大学出版社		
社　　址	北京中关村大街 31 号	**邮政编码**	100080
电　　话	010－62511242（总编室）		010－62511770（质管部）
	010－82501766（邮购部）		010－62514148（门市部）
	010－62515195（发行公司）		010－62515275（盗版举报）
网　　址	http：//www.crup.com.cn		
	http：//www.ttrnet.com（人大教研网）		
经　　销	新华书店		
印　　刷	涿州市星河印刷有限公司		
规　　格	148mm×210mm　32 开本	**版　　次**	2018 年 5 月第 1 版
印　　张	7.25 插页 2	**印　　次**	2019 年 1 月第 2 次印刷
字　　数	149 000	**定　　价**	38.00 元